穏やかに暮らすための48の工夫と心がけ

大切なこと

内田彩仍

PHP研究所

朝起きて、夫と愛猫そらに
「おはよう」と笑顔で声をかけると
そらがひと声「にゃー」と鳴いて
撫でて欲しそうに寄ってきて
夫がコーヒーを淹れに
二階のキッチンへ駆け上がる。
そんな朝の始まりが、わが家の日常です。

長年のマンション住まいから
今の一軒家に越してきて
季節の移り変わりを、ひと通り味わいました。
ここでの生活にも、すっかり慣れて
今は、日々の暮らしがよりよくなるよう
整えているところです。

そんななか世間の暮らし方も
〝新しい日常〟になって
長らく経ちました。
人に会うことが叶わなくなったり
行く場所も限られたり。
日々、戸惑うこともあるけれど
私自身は、相変わらずな毎日を過ごしています。

私のなかに変わったことがあるとすれば
日々を過ごす上で、大切にしていることでしょうか。
掃除はいつもより少しだけ丁寧に。
家での食卓に、ちょっとだけ特別感を。
それから、家で過ごす時間が増えたこともあって
毎日が潤うように
雑貨を飾る習慣も、また始めました。

今、大切にしていることのなかには
この非日常を乗り切る工夫も
幾つか入っていると思います。
いつかきっと取り戻せる
平穏な未来を待ちわびながらも
今は笑顔で、楽しむことを忘れずに。
そんな気持ちで毎日を過ごしています。

contents

01 わが家の正解で暮らす

以前とは少し違う新しい日常が始まって、二年近く。今までの習慣通りに過ごせることと、改めて見直すこととが入り交じった生活をしています。元々家で過ごすのが好きだから、家に居る時間が増えたことは幸せなのですが、人と会う機会がなくなったことで、ちょっと寂しく感じる日もあります。

わからないことや、不安に感じることがあって、ふと誰かに相談したいなあと思った時、今までなら友人や仕事仲間との雑談で解決できていたことも、今はそんな機会も少なくなりました。相談するといっても、毎年受けていた健康診断を今年はどうしようかとか、親に会えなくても寂しがらせない関わり方は？とか、そんな何気ないこと。電話してまで相談するのも……とつい遠慮してしまいます。今まで普通にできていたことも、新しい日常では、何が正解なのかがわからなくなりました。

そんな日々のなかで、ついネットに答えを求めてしまうことも。検索すると、些細なことでもネット上では様々な「正解」に出合ってしまい、その回答に惑わされたり、どこか窮屈に感じてしまったり。

そんなことを繰り返しながら、今、改めて心のなかにあるのは、「わが家の正解で暮らせばいい」ということ。うちは、夫婦ふたりと愛猫との暮らし。日々、家族と穏やかに暮らせたらそれだけで幸せ。それを軸に考えてみたら、どんな時も答えは家族のなかにあるのだと気づきました。

家でのことは、誰かの正解と違うことを気にせず、家族が心地よくあればいい。家族で話し合って決める「こうしよう」という答えが、家族に向けたやさしさに包まれていれば、それが正解だと思うのです。

愛猫そらが
寄ってきたら
何はさておき撫でる

尻尾のつけ根をトントンと撫でられるのが好きなそら。とても素直に愛情表現してくれる猫に育ちました。私達家族もそれに応えられるよう、どんな時もそらを優先しようと決めました。

帰ってきたら玄関先で靴下を脱ぐ

猫もコロナにかかると聞いて、菌を部屋に持ち込まないよう、外から帰ってきたら、玄関先で上着を脱いでかけておき、靴下も脱ぐようにしています。

お互いのスケジュールは把握しておく

お互いの休日や仕事が忙しい日を知っておくと、休日の予定や、食事のメニュー、仕事のリモート会議などの日程が組みやすいので、家族でスケジュールを共有するようにしています。

コーヒーを
飲む時は
相手にも聞く

日々、思いやりを持って暮らしたいから、「ありがとう」と「ごめんなさい」は忘れずに伝えるのと、何かを飲む時に、「飲む?」と互いに聞くようなことも、大切にしようと思っています。

夕方の掃除は夫の帰宅後に分担する

食事の時間が何より楽しみだから、くつろぐことを大切に、早く食事の支度ができるよう、私がテーブルまわりやキッチンなどを拭いている間に、床拭きは夫がやってくれるように。

02 家事も仕事も大切に

初めて雑誌に出させてもらったのが、三十代前半の頃。それから、連載のコーナーをいただいたり、本を書かせてもらったり。今のような仕事をさせてもらって、二十年ほど経つのだと思います。懐しく思い返すと、これまでたくさんの方と関わりながら、仕事を続けてきました。

その間、幾度となく家事と仕事の両立について考えてきました。時には仕事の比重が大きくなり過ぎて、家事がままならなくなったり、家族が病気になって支える時間が欲しくて、仕事を少しセーブさせてもらったり。そんな状況を繰り返しながら、最近は、家で過ごすことが多くなり、私も両立に慣れたのか、家事も仕事も、同じ時間軸で進められるようになりました。

以前は、仕事と家事は線引きしたほうがいいと考えていたこともあるけれど、今は暮らしも仕事も私のなかでは重なる部分があるから、無理やり区切りをつけることはしていません。どちらも引き立て合いながらこなすことができたら、毎日を窮屈に感じることなく、気負わず過ごせる気がします。

とはいえ、時には仕事に行き詰まったり、撮影の荷造りが大変だったり、家事が溜まってしまったり。つい空まわりして、気持ちがささくれてしまう日もあるけれど、仏頂面で進めてもいいことはありません。うまくいかない日も、気持ちを緩めて、「こんな日もあるさ」と自分を許しながら進める。これからの生活には、そんな寛容さも大事だと思います。

暮らしも仕事もどちらも好きなこと。その気持ちを忘れずに、まわりの方や家族にも心から感謝して、自分なりに両立しながら続けていこうと思います。

撮影で出かける時は私物を持ち出すことも多いから、荷造りしたダンボールが十数個並ぶことも。ここに移り住んでからは、ひと部屋を収納部屋にしているので、普段の生活に支障をきたすことなく暮らせるようになりました。

03 特等席で仕事をする

リビングの窓辺に設置したカウンターの一角にある机。わが家で一番の特等席です。気の持ちようで、自分の機嫌は変えられる。そう教えてくれた眺めです。

ひとりで仕事をしていると、飽きてしまったり、だらだらとして考えがまとまらなくなったり。そんな時、上手に気分転換ができると、ぐんと効率がよくなるから、その日の気分に合う場所を見つけ、その時々の特等席で仕事をするようにしています。

自然を存分に感じたい日は、窓からの眺めに癒される窓際のカウンターで。春は満開の桜を眺めながら、夏は窓越しに豊かな緑に包まれて。ふと窓の外に季節の気配を感じると、心が緩み、やさしい気持ちで進めることができます。

何か人恋しくて、誰かの気配を感じていたい時は、YouTubeで人の気配が感じられる旅の動画を流します。テレビ画面を通して訪れたことのある癒しの場所を眺めながら、ダイニングテーブルが特等席になるようしつらえて。飲み物を用意して、その場所を思わせるおやつも準備して、寂しい気持ちをリセットしつつ、リラックスして始めます。

温もりを感じたくなる冬は、ソファテーブルを使

ダイニングテーブルで仕事をしていると、鳥のさえずりが聞こえたり、きれいな蝶が飛んでいたり、お隣の借景は森の中に居るよう。

って パソコン作業。ソファにもたれて仕事をすると、必ず足元に愛猫そらが寄ってきます。時折そらの寝顔を眺めたり、体操座りをした上からブランケットをかけて、そらのこたつ代わりになったり。その時節ならではの和みも取り入れつつ、原稿を書き進める日もあります。

それとは別に、本当に忙しくてテーブルいっぱいに書類を広げて仕事をするような時は、まわりの雑音が耳に入らないよう、ジャズを小さな音で流し、携帯もパソコンもあえて身近に置かず、集中して。以前、人が集中できるのは、長くても五時間くらいと何かで見たので、短時間の決戦です(笑)。

それぞれの場所で仕事をするにあたり、気をつけていることもあります。それは"掃除がしたくなる病"が出ないようにすること。汚れた場所を見つけると現実逃避したいのか、ついあちこちと掃除をしたくなってしまうから、まずは目につかないよう、今日の特等席まわりを整えることから始めます。

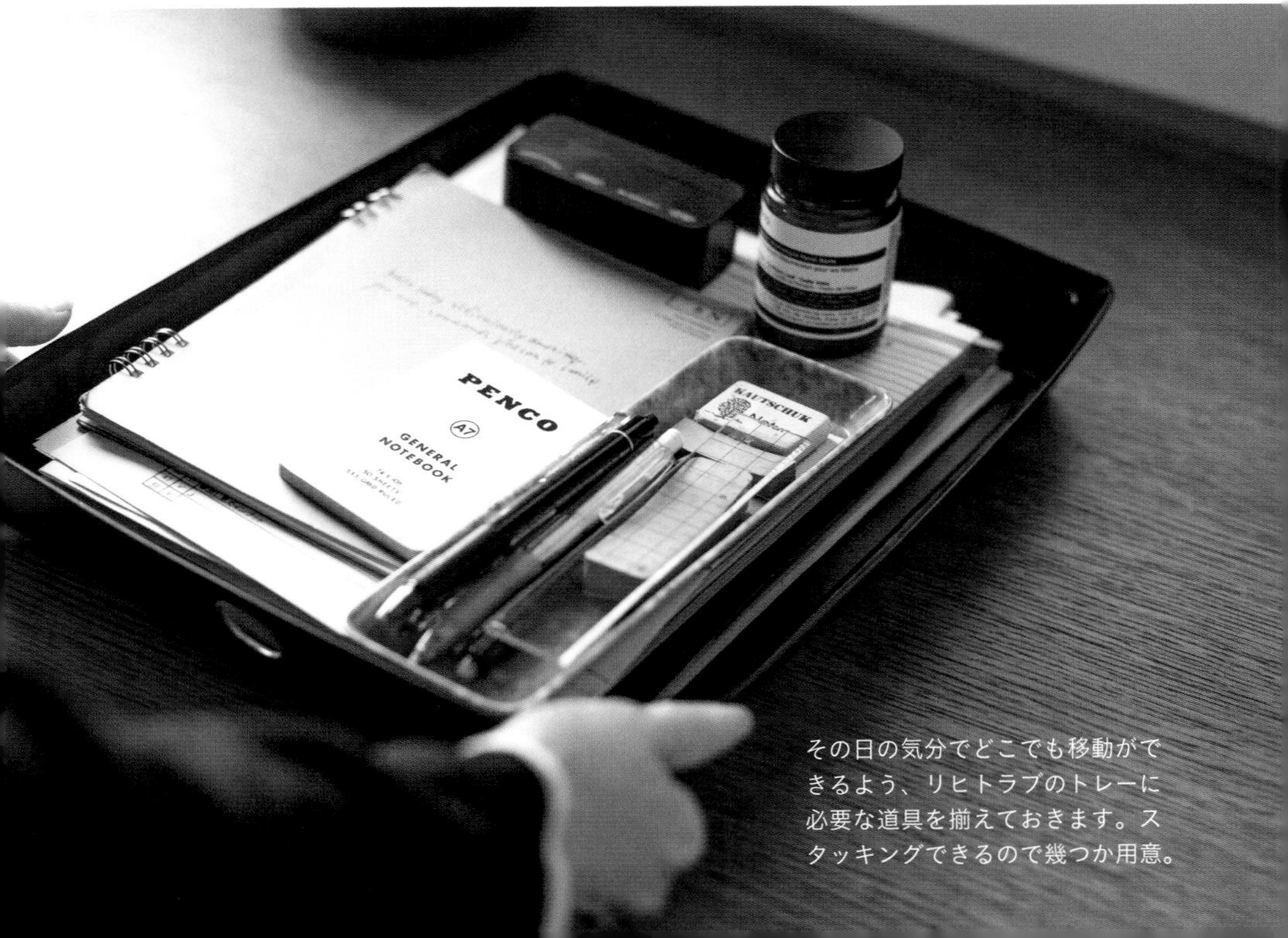

その日の気分でどこでも移動ができるよう、リヒトラブのトレーに必要な道具を揃えておきます。スタッキングできるので幾つか用意。

足のむくみ予防のオットマン

ずっと座って仕事をしていると、新陳代謝が悪くなるのか、夕方には足がむくんで、靴下のゴム跡がくっきり残るから、むくむ前にオットマンを使い、足を上げておくように。

眼鏡が落ちないための小さな工夫

集中して仕事をしていると、ちょっとした眼鏡のずれが煩わしく感じるもの。鼻あてにシリコンパッドを貼ってみたら、眼鏡をかけているのを忘れるほど、気分爽快に。

テーブルを守るイケアのデスクマット

イケアで安価なデスクマットを見つけて試しに購入。敷いていると、キーボードもパソコンも天板を傷めることなく移動できるから、安心して作業ができます。

飲み物はキントーの滑らないトレーに

元々は家の工事中、作業をされていた方に飲み物を運ぶために使っていたもの。滑らずにこぼれにくいのと、木テーブルの輪じみ防止に、仕事中も使うようになりました。

04

季節を感じる玄関に

玄関ホールと廊下の間に、愛猫が誤って出てしまわないよう、脱走防止扉をつけたので、繊細な花器を使っても、倒されることなく安心して飾ることができます。

マンションに住んでいた頃、玄関先の壁に造ったニッチに花や雑貨をしつらえるのが、とても楽しみでした。花に触れるたびわくわくして、好きな感じに飾れたら、ふんわり満たされた気持ちになる。そんなささやかな幸せを感じていました。

一軒家に移り住んでからは、ニッチの代わりに、玄関ホールにある白い靴箱の上に、月ごとに雰囲気を変えながら、しつらえるようになりました。玄関は、日々暮らすなかで、家のまわりを掃いたり、玄関先の植木の様子を見に行ったり、回覧板をまわしたりと、よく目に留まる場所。このコロナ禍で、あまり外出しなくなったから、ネットで注文した荷物を受け取ることも増えました。日に何度も出入りするから、この場所が癒される場所になればと思い、季節を感じる草花を飾ることにしました。

いつも飾るのは、庭の草花を剪定したものや、月初に通う園芸ショップで、旬の枝物や花を買ってくることがほとんど。なるべくなら一か月は眺められるよう、蕾《つぼみ》のたくさんついた大きな枝を選んで、咲くたびに切って生けることもあります。

いろいろな風合いの花を飾りたい時は、ひとつ長持ちしそうなものを選んでおき、日々、水切りしながら、しおれたものから除いていくように。月の終わりには、いつまで経っても風情が変わらない枝物だけになることもありますが、移り変わる草花の情景もいとおしく感じるから、それも花とともに過ごす醍醐味のような気がします。

今はまだ、この場所に合う飾り方を模索中。草花が引き立つ花器を選びながら、気持ちのよい空間づくりができるよう、上達していけたらと思います。

一月

京都の花屋みたてさんの十二支餅。藁に一本一本つけたお餅を、家族それぞれの干支にみたてて無病息災を願います。一目惚れした淡いピンクの大輪の菊と松を一緒に飾りました。

二月

「木」へんに「春」と書く椿。仲よくしている生花店で大ぶりの白い椿の枝を仕入れてくださったので、立春の頃から花が咲くたびに、一輪一輪新しいものに生け替えながら春を待ちわびて。

三月

利休梅をひと枝買ってきて、庭で咲くラッパ水仙やフリージアとともに。頭が重い花なので茎が折れてしまわないよう、シリンダー型の花器を選んで。フリージアの甘い香りに癒されました。

四月

玄関先の染井吉野が咲き終わった頃に、見頃を迎える八重桜。鮮やかなピンク色の丸い花がとても愛らしくて、枝に残った小さな蕾も切っておき、水盤に生けて花が咲くのを心待ちに。

五月

生花店に色とりどりの花が並ぶ五月。四月に剪定した庭のクリスマスローズも添えて飾ります。マンションより天井が高い分、大ぶりの花がたくさん飾れるから、選ぶのも迷ってしまいます。

六月

艶やかなピンクの芍薬。「長く持たないかも」と言われたけれど、どうしても飾りたくて、色つきガラスの花器にしつらえて。満開になった芍薬には、惚れ惚れと見入ってしまいます。

七月

園芸店で手にした山法師の枝。大きな枝から茶枯れした部分を日々カットしながら飾り変え。サイズに合わせて花器を選び直すのも日課となり、いい勉強になりました。

八月

夏は蚊が気になる季節。ユーカリは蚊よけにもなると聞き、園芸店で大量に買ってきて生けることに。形を整えるためにカットした枝は、スワッグにして玄関ドアにかけました。

九月

生花店の庭にある林檎の木からひと枝いただいたので、実りの秋も感じつつ、アロマキャンドルと一緒に飾りつけ。実がたくさんなっているので、花器は支えになるよう、重さのあるものに。

十月

誕生月なので一番好きな紫陽花を。今は輸入ものの紫陽花がたくさん揃うから、一年中楽しめます。読書の秋に思いを馳せながら、本とルイスポールセンのスタンドランプを添えて。

十一月

何となくクリスマスを意識し始める頃。実の物を飾りたくて、シックな色のヘデラベリーを。長年使っているキャンドルホルダーにティーライトを灯すと、やわらかな光に心癒されます。

十二月

雪が積もった樹木のようなＬＥＤツリーライトの足元を隠すために、シルバースターの枝を束ねて、十年以上前に買ったクリスマスキャンドルとともに。ようやく灯すことができました。

05 好きな場所をつくる

MOON

巣ごもり生活のなかで、また部屋を飾るようになりました。今までなら出かけることで得ていた高揚感も、部屋に好きな場所を幾つかつくり、家の中で味わうようにしています。少し閉塞感を感じる時も、部屋をちょっと飾ることで心が満たされるよう。時間のある時や、心が少しやさぐれた時(笑)にも、あれこれ考えながらしつらえるのが、いい気分転換になっています。

飾るものは、常日頃何気なく使っている日用品。戸棚に仕舞うよりは眺めていたい花瓶や、いつも使っているコーヒーポットやコーヒーカップ。庭の手入れをしたあとは、庭で切り戻した草木や、咲いていた花などを。

もう見慣れたものでも、コーナーごとにテーマを決めて置いていくと、また新しく見えるよう。「ここ、おしゃれになったな」「ここ、ちょっといいね」と、こっそりときめきながら空間をつくっていくうちに、暮らしに新鮮さがよみがえってきます。

以前とは、しつらえ方が変わったところもあります。マンションに住んでいた頃は、リビングボードの幅いっぱいに好きなものを置いていたのですが、今は、その時の気持ちに添うようなものをひとつふたつシンプルに飾るくらいが、ちょうどいいと思うように。

リビングの本棚も、持っている本や雑誌をすべてこの場所に集約するつもりでしたが、仮置きしていたガラスの花器に差し込む光がとても美しくて。眺めていると暮らしに余白ができた気がして、出番を待つ花器の保管場所になっています。

外とつながる日常は、なかなか叶わないから、気に入った日用雑貨を使い、好きな場所をしつらえては、ぼーっと眺める。こんなくつろぎ方も私らしく感じています。

いつもコーヒーを淹れるキッチンカウンターに、コーヒーセットと菓子用の器を並べて。窓越しの光に映えて存在感が増すよう。

リビングに置いた本棚には、収納とインテリアを兼ねて、すぐ使えるようスタンバイしている花器や、散歩バッグ、読みかけの本を。

マンションの出窓に置いていたリプサリスとペペロニアをリビングの棚に。とても長くなったので、今はより高い場所に移動しました。

シダ植物のツディ。水切れしないよう育てていたら驚くほど茂り、光沢のある薄緑の葉が重なり、白い洗面所に彩りを与えてくれます。

07 受け継いだ庭を大事に育てる

緑に囲まれた暮らしがしたくて、新居に引っ越してきました。以前お住まいだった方から受け継いだ庭は、とても居心地よく、翌春になるのを待ちわびていました。ところが初めての冬、これまでにない大雪が積もり、残念ながら枯れてしまった植物も。それがきっかけとなり、残せるものは受け継いで、新たな庭にしつらえることにしました。

まずはどんな庭にしたいのか、好みを把握するためにネットで検索したり、YouTubeを眺めたり。好きな植物の名前をたどっていくと、ほとんどがオーストラリア系のものだと知りました。

そこで、以前仕事でご一緒したことのある、オージープランツの植栽も得意な生花店の方に相談し、庭づくりをお願いすることになりました。

まずは今植えてあるもののなかから、枯れたものや傷んだものを取り除き、新たなものに植え替え。ポイントになるような木々も、何本か増やすことに。その際に株分けの仕方や、虫除けの方法なども教えてもらい、とても勉強になりました。

暑さに弱かったり、寒いと枯れてしまったり、季節によって場所を移動したほうがよいものは、鉢植えで管理することに。雑草対策も兼ねて株元に植えるグランドカバーは、地面を覆うように育つカラーリーフを幾つか選び、緑の庭に彩りを足しています。

ようやく庭が出来上がったのは、ちょうど春真っ盛りの頃。日々成長していく草木を見るのがとてもうれしく、日に何度も庭に出て観察したり、肥料をあげたり。自然を慈しみながら庭の手入れができる喜びを、今感じています。

裏庭へ向かうアイアンの門扉を抜けると、受け継いだ紫陽花が迎えてくれます。雪で傷んだところを切ったので、今年は一輪だけ咲きました。

家へと導いてくれる玄関先の山紅葉の足元には、御影石の踏み石に合うシルバーのウェストリンギアを。葉先で朝日が輝く姿も美しい。

病害虫に強いヘデラのグレーシャをグランドカバーに。形をきれいに整えながら植えてくださったので、ずっと眺めていたくなります。

紫の花をつけるブルーウィングやアガベのように、常緑でも非耐寒性のものは、冬に室内に移動できるよう、鉢に植えて楽しむことに。

長い間花を楽しめるビオラ。育ち過ぎて花芽が暴れてくると、株元が蒸れたり、虫がついたりするので、切り戻して飾ることに。

ガーデンチェアはいつも手入れを

イケアのガーデンチェア。屋外で使用する家具は、木部に屋外用オイルステインを塗っておくと、色が変わりにくく、カビや腐食防止にもなるから、定期的に塗っておきます。

落ち葉拾いに使うかごは深めのものを

浅めの落ち葉入れに掃いた落ち葉を入れていたら、あっという間に風で飛ばされて、掃く前よりひどいことに(笑)。それからは、深めのかごに入れるのが鉄則になりました。

ガーデンツールは軽くて小ぶりなものを

手が小さいからか、重くて持ち手が太いものだと、疲れてしまい長時間作業できないから、軽いアルミ製の小ぶりなものを選んで。北欧のジャム用レードルは、鉢の土入れに最適。

外を掃く箒《ほうき》はアズマの日本製職人箒を

掃いても砂が残ってしまったり、葉の下にある落ち葉が掃きづらかったり。アズマの箒は薄いので隅にも入りやすく、穂先の返りが少ないから細かいものも掃けるすぐれもの。

ガーデングローブは百均でまとめ買い

株元に肥料をあげたり、枯れた枝を切ったり、葉についた虫を取り除いたり。庭仕事に手袋は必需品。ダイソーでサイズの合うグローブを見つけて、ストックするように。

庭に馴染む色合いのホースリール

庭の散水用に使っているホースリール。水圧が変えられて、シックな色合いのものを探していたら、アマゾンで見つけました。作業中の佇まいは雑貨のよう。

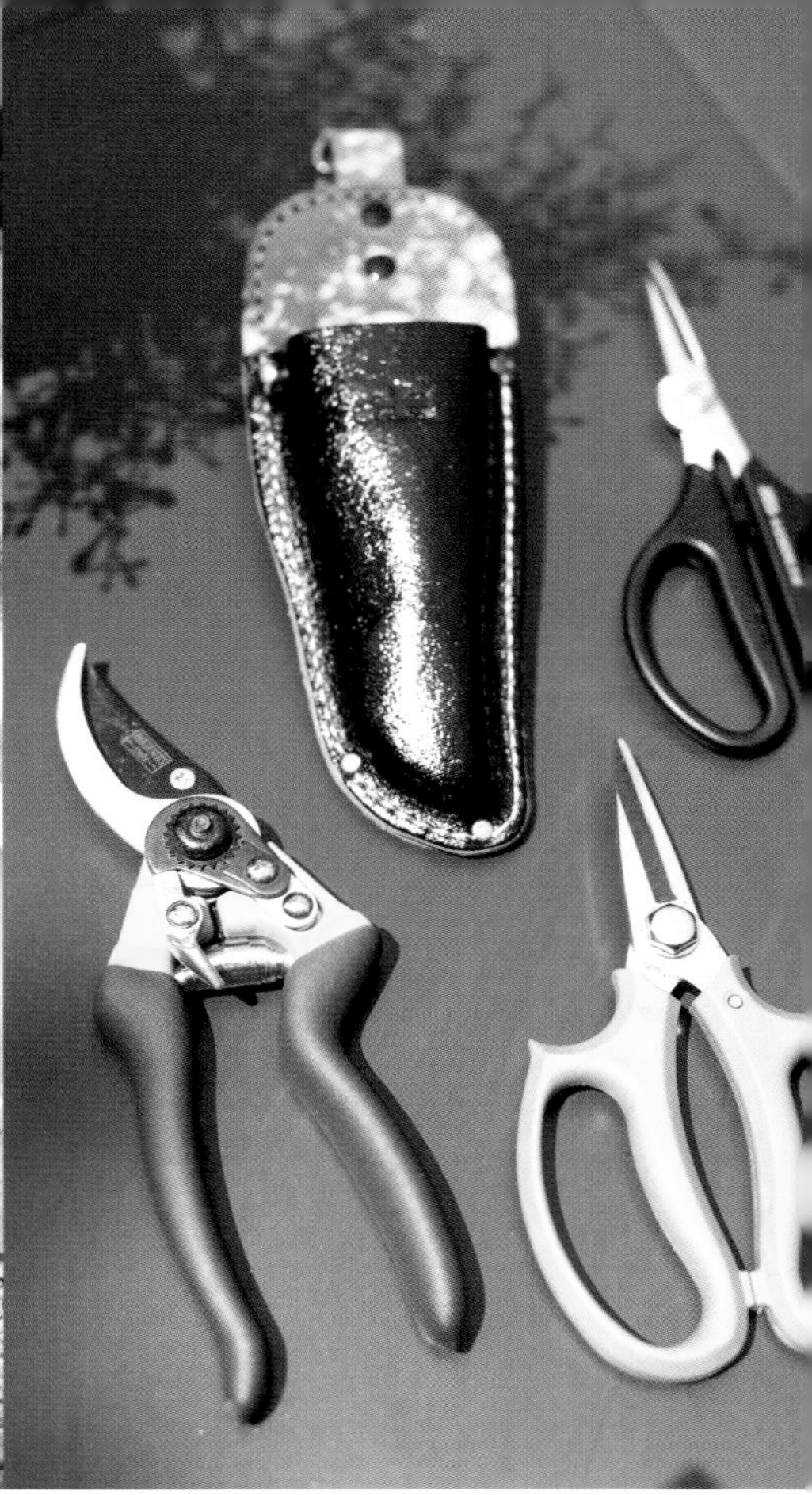

よく使う園芸鋏《ばさみ》は用途別に揃えて

先の細いものは花殻用。黒い持ち手のものは、支柱に使うワイヤーもカットできるもの。太い枝を切る時は剪定鋏を。それぞれを使い分けつつ、使ったあとの手入れも忘れずに。

ジョウロやバケツは軽いものを

液体肥料をあげるのに、ジョウロを持って庭中歩きまわったり、掃除をするのに、バケツの水を何度も替えたり。水を入れて持ち運ぶのは重労働なので、入れ物は軽いものを。

08 五十の手習い

最初の緊急事態宣言でしばらく自宅待機になった夫が、資格試験に向けて勉強を始めました。参考書片手に勉強する夫の姿を眺めながら、私も何か新しいことを学びたいなと刺激を受けました。

知りたいのはやはり身近なこと。なかなか汚れが落ちない玄関土間の掃除の仕方だったり、コーヒーメーカーの洗浄方法だったり。YouTubeで情報を探しながら、いろいろと実践してみることにしました。毎日飲んでいるドリップパックのコーヒーも、美味しい淹れ方がたくさん上がっているのを知り、その通りに淹れて味見。様々な方法を試すうちに、深煎りのものを百五十ccで淹れると、私好みの味だと気づきました。

今一番知識を深めたいのが庭づくりのこと。枯らさずに育てられるよう、それぞれに適した手入れを続けるには、庭に植えている草木や花のすべてを把握しておくことも大事。そのために、ひとつひとつ植栽の写真を撮り、名前を確認することにしました。

以前から植えてあったもの、グランドカバーとして新しく植えたもの。同じ園芸種でも種類が違うものを含めると、七十種以上ありました。暗記する自信はないから、名前や育て方、手入れ方法などをノートに記しておくことに。この時とても役立ったのが、ポケットつきリングノート。苗についている苗札も、ページごとに添えつけてあるポケットに入れて取っておくことができ、わが家の植栽図鑑として整理するにはぴったりのノート。今年は夏の長雨で、春に植えたひと鉢を残念ながら枯らしてしまったので、今後に役立てられるよう、五十の手習いを続けようと思います。

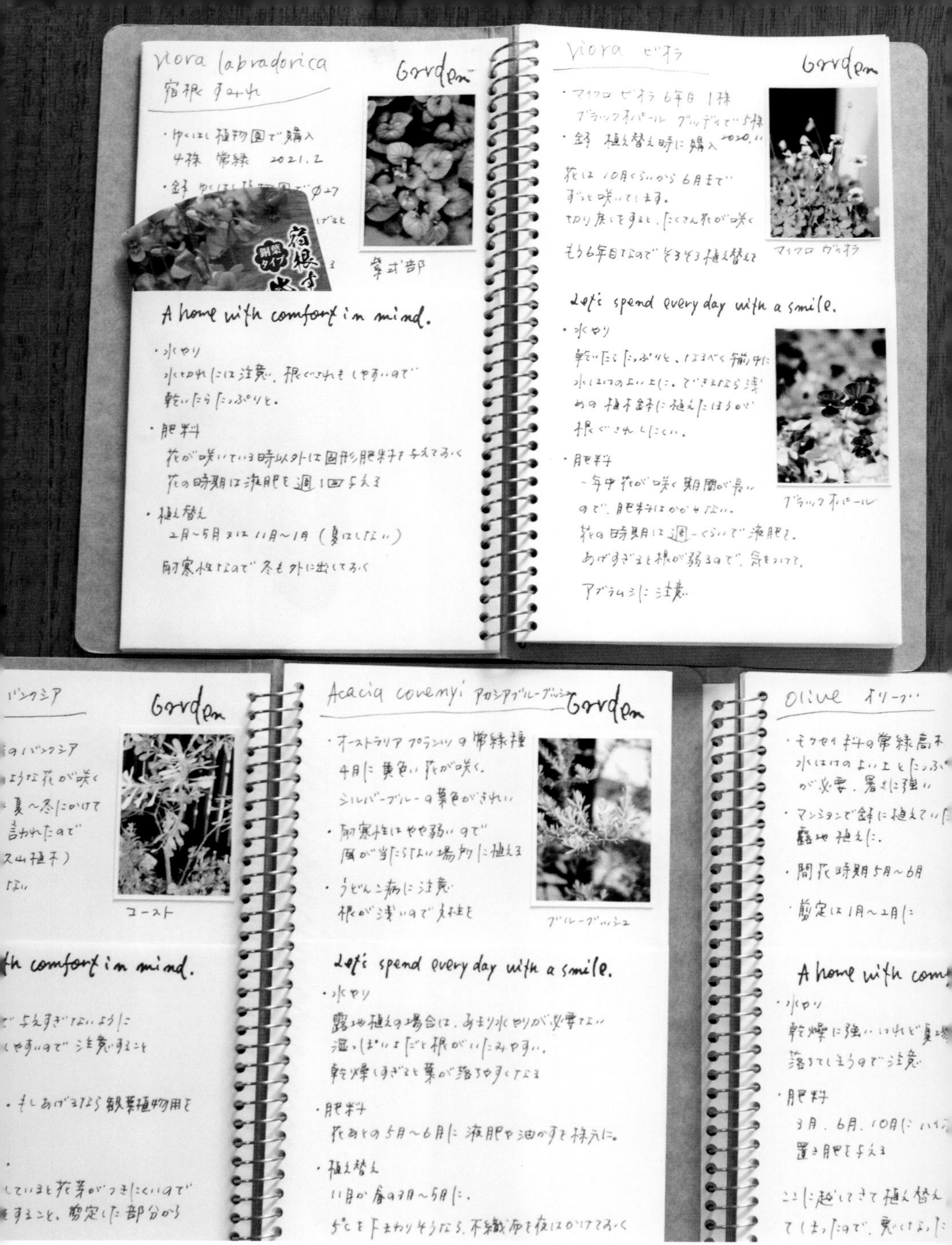
viora labradorica
宿根すみれ
Garden
・ゆくはし植物園で購入
4株 常緑 2021.2
葉甘部
A home with comfort in mind.
・水やり
水切れには注意。根ぐされもしやすいので
乾いたらたっぷりと。
・肥料
花が咲いている時以外は固形肥料を与えておく
花の時期は液肥を週1回与える
・植え替え
2月〜5月又は11月〜1月（夏はしない）
耐寒性なので冬も外に出しておく
viora ビオラ
Garden
・マイクロビオラ 6年目 1株
ブラックオパール グッディで5株
・鉢 植え替え時に購入 2020.11
花は10月くらいから6月まで
ずっと咲いています。
切り戻しをすると、たくさん花が咲く
もう6年目なのでそろそろ植え替えて
マイクロ ヴィオラ
Let's spend every day with a smile.
・水やり
・肥料
ブラックオパール
花の時期は週一くらいで液肥を。
アブラムシに注意
バンクシア
Garden
コースト
th comfort in mind.
Acacia covenyi アカシアブルーブッシュ
Garden
・オーストラリアプランツの常緑種
4月に黄色い花が咲く。
シルバーブルーの葉色がきれい
・耐寒性はやや弱いので
風が当たらない場所に植える
・うどんこ病に注意
根が浅いので支柱を
ブルーブッシュ
Let's spend every day with a smile.
・水やり
露地植えの場合は、あまり水やりが必要ない
湿っぽいままだと根がいたみやすい。
乾燥しすぎると葉が落ちやすくなる
・肥料
花あとの5月〜6月に液肥や油かすを株元に。
・植え替え
11月か春の3月〜5月に。
5℃を下まわりそうなら、不織布を夜はかけておく
Olive オリーブ
・モクセイ科の常緑高木
・開花時期5月〜6月
・剪定は1月〜2月に
A home with com
・水やり
・肥料
3月、6月、10月に
置き肥を与える

わが家の庭での写真とともに、園芸名や品種名、育て方などの情報を。追加する時の参考にどこで購入したかも、記しています。

トラベラーズファクトリーのスパイラルリングノート。各ページにポケットがあり、苗についてくる苗札が収納できます。玄関先の前庭と、裏庭、鉢植えとに分けて三冊作り、気がかりな事柄があれば、ピンクの付箋を貼って目印にしておき、調べたことを書き足して。

09 花のある庭に

この冬の雪で弱った紫陽花も、手入れの仕方を学んで切り戻し。初夏にはとても大きくなり、今年は咲かないと思っていた花も、幾つか咲きました。

11 わが家で非日常を

人と会うという日常がなくなってしまってから、随分経ちました。出かけることも今は躊躇《ちゅうちょ》してしまうから、家族で外食したり、気晴らしに日帰り旅行をしたり。そんな日常はまだ戻っていません。昨年の三月からは、外食に出かけた記憶もなく、休日は朝昼晩と間食もわが家で食べています。

便利だと聞くデリバリーも未経験。この春にわが家の地域でもウーバーイーツが利用できるようになったと知り、ある晩「ちょっと小腹がすいたね」という時に調べてみたら、夜の十時過ぎだったからか、メニューはピザのみ。それなら家でも作れるという話になり、夜更けにピザを焼いたことも(笑)。

そんなわけで、わが家で気分を変えたい時は、その時々で工夫するように。以前から目をつけていたガーデンテーブルと椅子が、やっと揃ったので、庭でのお茶時間が充実した雰囲気に。これまでは置く場所もなく飲んでいたコーヒーも、お菓子と一緒にゆっくり楽しめるようになりました。

年に何度か出かけていた映画や観劇も、今は自宅のテレビやパソコンで。だらだらしながら観られるよう、ちょっとつまめるものをソファテーブルに用意します。夫婦揃ってお酒が飲めないから、美酢《ミチョ》という飲む酢を炭酸水で割り、グラスにフルーツを浮かべて、カクテル気分で飲んでいます。

翌日がふたりとも休みで夜更かしできる日は、間接照明だけにして、のんびり本を読むことも。こんな風に家の中で非日常を演出するのが、単調になりがちな今の暮らしの支え。ちょっとした工夫で気持ちが満たされると思うと、支度をするのも楽しいのです。

庭に置いたイケアのアイアン製のガーデンセットでコーヒーを。お盆ひとつで運べるくらいのお茶の支度が、気負わなくて心地いい。

くつろぎながら何かを観る時はソファーテーブルにしつらえて。ブランケットも用意しておき、ただのんびり過ごします。

手に取れる器に、簡単な食事を作って盛りつけ。テーブルを光が入る場所に置いたら、ガラスがきらめいてちょっとしたごちそうに。

本を読んだり、たわいもない会話をしたり。間接照明だけを灯して、非日常を。同じ部屋でも雰囲気が変わると、気持ちが和みます。

夫側には、ルイスポールセンの黒いYUHフロアを。シェードの下にカバーがあり、眩しくない光に和み、調光もできるから便利です。

12 眠りにつく前の灯り

新居では一階に寝室があり、夜寝る時に二階のリビングから寝室へ向かいます。以前のマンションでは、リビングと寝室が隣接していたので、やりたいことを寝る直前までやりつくし、倒れ込むように寝ていました。そんな生活が長かったので、独立した寝室という空間に、まだ少し慣れません。

以前なら、眠れない時は隣のリビングで先に進めたい仕事をしたり、本や雑誌をめくったりすることもあったけれど、今は二階に上がってまでも……と、思ってしまいます。ベッドで本を読もうにも、照明は天井灯だけなので、夫が眠りについていると申し訳ない気がして、早く自分も眠らなくてはと思うと、かえって目が冴えるのです。

そんな時、北欧の本を読んでいてヒントをもらいました。北欧では、長い夜を穏やかな気持ちで過ご

私側には、パンテラミニテーブルを。光が透過しないタイプのシェードを選び、本を読む時はそばに寄せて、心を緩めて夜長を楽しみます。

せるよう、一日の終わりにリラックスして眠りにつけるような灯りを、寝室にしつらえます。これに倣《なら》ってわが家の寝室にも、お互いのベッドサイドに個々の時間を楽しむ灯りを、取り入れることにしました。

眠る前なので、光源が直接目に入ってこないようなものを選んで、私の枕元には、光が漏れずに、手元だけを照らせるようなテーブルランプを。夫の枕元には、タブレットで本を読むから、光が少し広がるようなスタンドランプを選びました。

穏やかな灯りのもと、気持ちをリセットできるよう、本を読んだり、くすっと笑えるような動画を見たり。ふと部屋を見渡すと、やわらかな光に照らされる寝室も魅力的に感じます。今日一日のささやかな幸せも思い返しながら、自分と向き合う灯りのもと、安らぎの時間を過ごしています。

13
日に一度は本を開く

日に一度は本を開くようにしています。最近は、洋書やインテリアの本、庭づくりの本など、家にまつわる本をよく読んでいます。新しい本を買うのは、月に一冊と決めて、その時々の気分に合うものを選ぶように。中身を隅々までじっくり読もうとすると、月に一冊くらいが挫折せず、読みかけのまま溜まらないから、ちょうどいいのです。

時には、電子書籍も活用しています。健康系の料理レシピ書などはもっぱら電子書籍で。必要な情報だけを入手したい時は、電子書籍が便利です。例えば、今日の食事の盛りつけをどうしようかと迷う時や、花を瓶に挿すのに、この花は浅水だったか、深水だったか調べたい時などに。いつもとは違うレシピを知りたい時には、iPadを専用スタンドに立てて、キッチンで読むこともあります。

それでも、夜眠る前に手に取るのは紙の本。紙の本からは、写真の質感や空気感がより鮮明に伝わってきます。文字の並びや余白に美しさが感じられ、私には読み心地がいいのです。紙の本は、気持ちに余裕がないと開けない気がして、今日一日の疲れをはかるバロメーターのよう。心が忙殺されないためにも、本を開けるくらいの気持ちのゆとりを取り戻してから、眠れたらと思っています。

年齢とともに、考え方や好きなものが定着して、新しいことを受け取りにくくなっている気がする、今日この頃。昔、好きな雑誌を毎週欠かさず読んでいた頃のように、好奇心や素直さを持ち続けられたらと思います。自分のなかにないものにわくわくする感覚を、これからも忘れずにいたいものです。

14 ひとりの時間を過ごす場所

新しい生活のなかで思うのは、ひとりの時間が少なくなったということ。家族が在宅勤務の日があったり、残業がなくなったり。愛猫そらもまだかまって欲しい年頃なので、いつも遊んでとせがんできたり。つい自分より、誰かのことを優先する暮らし方になっている気がします。もちろん、それがいやという訳でもありません。家族と心を寄せて暮らすことも、大切にしたいこと。そんななかでも、自分のことを労わる時間があればと思いました。

そこで、ひとりで長く過ごすバスルームを、もっとくつろげる空間にしてみようと思い立ちました。以前から、お風呂の蓋を片側だけ閉めて机代わりに、本を読んだり、リラックスした心持ちで原稿の下書きをしたり。元々バスルームで過ごす時間が好きでしたが、この機会に気持ちが緩むことを最優先にして、しつらえ直すことにしました。

まずは、便利なアイテムを新しく取り入れて、くつろぐために必要なものを置く場所を用意。浅めのお湯につかって長湯しながら、好きな音楽をかけてメイクを落としたり、庭づくりの動画を見たり。知りたかった月ごとの庭の手入れも、落ち着いて眺めることで、学ぶことができました。今の時期、歯科に行くのもためらわれるから、丁寧に歯をメンテナンスするのもこの場所でしています。

ゆっくりと自分をほぐすバスタイムは、疲れた心も浮き立つひと時。これからも「家族にやさしく」という気持ちを忘れないために、まずは自分を大事にして、今日の疲れをリセットしようと思います。

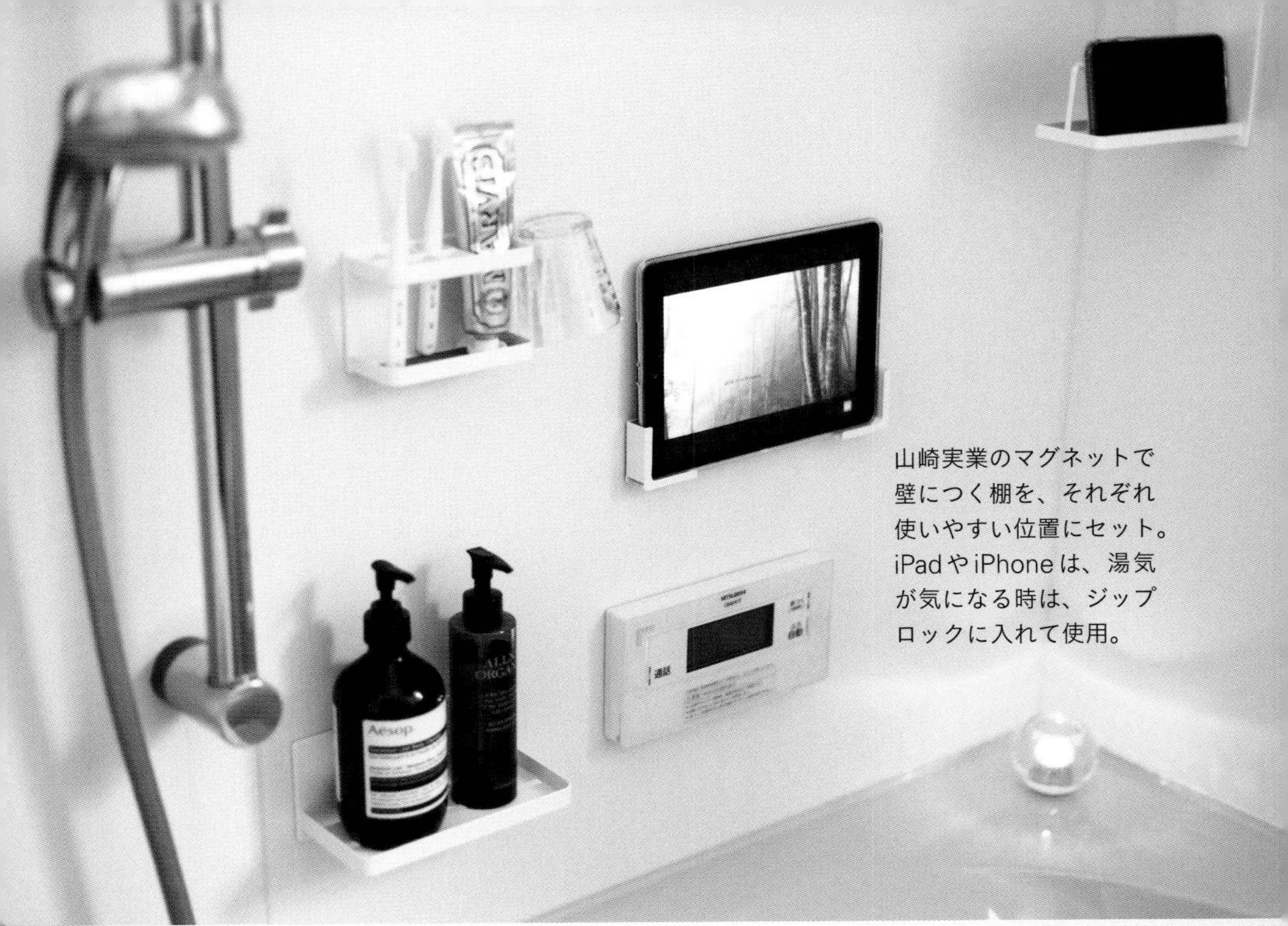

山崎実業のマグネットで
壁につく棚を、それぞれ
使いやすい位置にセット。
iPadやiPhoneは、湯気
が気になる時は、ジップ
ロックに入れて使用。

時間をかけて歯を磨くに
は、浴室はもってこいの
場所。最近コーヒーをよ
く飲むので、ブラシがき
ちんと歯に当たっている
か確認しながら念入りに。

イケアのバスマット。吸湿性がよく、毎日洗ってもやわらかで足触りよく。グレーの色も好きで乾きやすいから、定番にすることに。

浴室で緑を眺められるよう、高温多湿の場所でも育てられるフィカス・ベンジャミン・バロックを。外に出して日光浴させることも。

わが家の給湯器の推奨入浴剤がバブだけなので、その日の気分で選べるように、いろいろな種類が揃っているものをアマゾンで購入。

すぐに掃除できるよう、掃除道具も浴室内に。浴室に合う白いスプレーボトルに詰め替えて。この収納にも山崎実業のフックが活躍。

15 買い物はとことん吟味してから

眠る前の一、二時間を私の自由時間にしています。仕事が残っていれば仕事をするし、勉強したいことがあれば集中して勉強する。必要なものがある時に、まずはネットで探してみるのもこの時間。買い物は比較検討するのも、楽しいひと時。無駄な物を増やさないためにも、自由時間を存分に使って、吟味してから、手に取るようにしています。

吟味するのにはふたつ理由があります。ひとつは、引っ越しをする時に感じたのですが、私も夫も物を捨てるのが苦手。夫は元々無駄遣いをしないので、私よりも捨てられないのです。ふたりともこんな風では、片づけが進まないので、使わなくなりそうな物は選ばないというのが、整理整頓の一番の早道だと気づきました。

もうひとつは、長年大切に使えるよう、心から好きになったものだけを迎え入れるようにすること。最近は、通販で買うことも多いから、実物がきてどうしても想像と違った時に、交換や返品の手続きができるかどうかの確認も先にしておきます。

そんな風に物選びをしていると、手に取るまでに一年経つこともざらにあります。特に家電などは、買い替え時《どき》を過ぎてそろそろ壊れそうだなぁと思いながらも(笑)、何年も悩みまくって決めています。

目下探しているのは、寝室のエアコン。今あるのは、以前から据えつけてあったもの。ちょっと効きが悪くなってきているのと、取りつけ位置が決まっているから、機能性とデザインが寝室に合うものをじっくり吟味して、来年の夏までには決められたらと思っているところです。

ブラバンシアのゴミ箱

長年使っていたゴミ箱が、洗っても汚れが落ちなくなったので、同じメーカーのものを新調。蓋がゆっくり閉まるように進化していて、ペダルも黒で汚れも目立たず、使い勝手よく。

肌触りのよい洗えるスリッパ

履き心地のよいスリッパは、お客様を迎えるための必需品。以前はバブーシュを手入れして使っていたけれど、ここしばらくは洗えることを優先して、パイル地のものに買い替え。

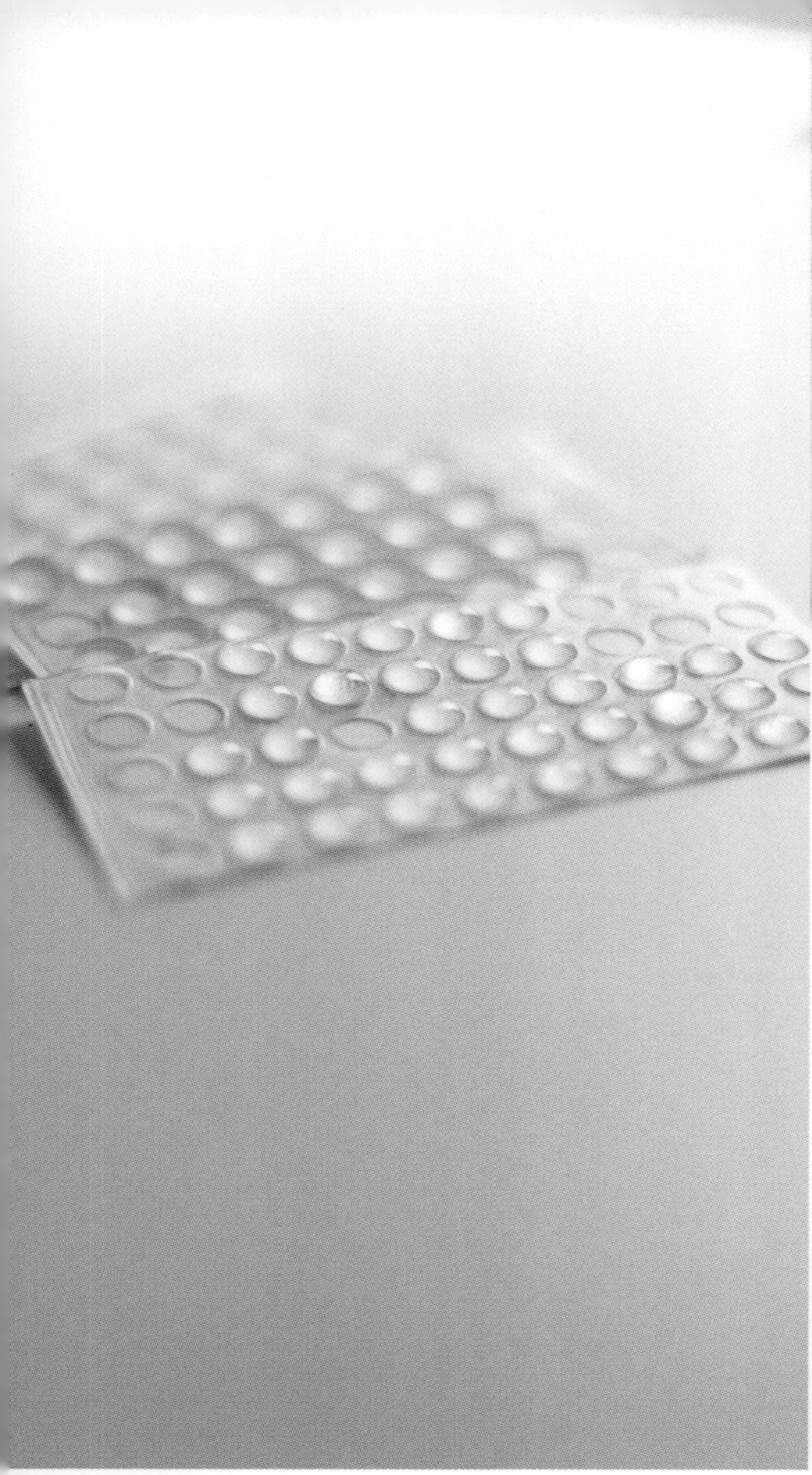

洗面所のゴミ箱

壁につけられる半円形のゴミ箱。ペダルを踏むと前に倒れてくるのが誤算でしたが、見た目がかわいかったので、返品はせず。裏に滑り止めシールを貼ってみたら、倒れなくなって大正解。

便利なシリコンシール

様々なサイズや形のものがセットになっているシールを、アマゾンで購入。ゴミ箱の裏に貼って滑り止めに、戸あたり防止に、移動するワゴンの角に貼って衝撃緩和にと、大活躍。

室外機のカバー

室外機に、街路樹の落ち葉や小枝が入ってしまうので、カバーをつけることに。価格とデザイン性を吟味しながら、木目調の色合いが美しく、アルミ製で軽くて錆びにくい、アルマックスの室外機カバーを。

庭のソーラーライト

土に挿す仕様の人感センサーつきライトはアマゾンで購入。暗くなると点灯し、人が通るともう一段階明るくなるすぐれもの。シンプルで場所を選ばず、災害時には抜いて手持ちのライトとしても。

内装を決める際に何度も読み返した本二冊。北欧に思いを馳せつつ、たくさんの付箋をつけて、部屋の雰囲気や材料を決めていきました。

16 長く愛せる空間づくり

家の中を心から好きな空間にしておくと、どんな時も手入れを厭《いと》わず大切に暮らそうと思えることを、これまでの暮らしで学びました。長く住んだマンションもそうですが、結婚当初の小さなアパートの部屋、学生時代の自分の部屋も、その時々で好きな雰囲気にしつらえていた気がします。だから今のわが家も、長く愛せるような空間づくりを目指して、少しずつ更新しているところです。

どんな風に住みたいのかを、ひたすらに思い描いて頭に浮かんだのが、以前北欧で訪れたアルヴァ・アアルトの自邸です。八十五年ほど前に建てられた邸宅は、その年月を感じさせない佇まい。同様に彼がデザインしたメゾン・カレやマイレア邸も好きな空間。彼が手がけた建築本を、何度も何度もめくりながら、わが家でもその雰囲気を感じられたらと、

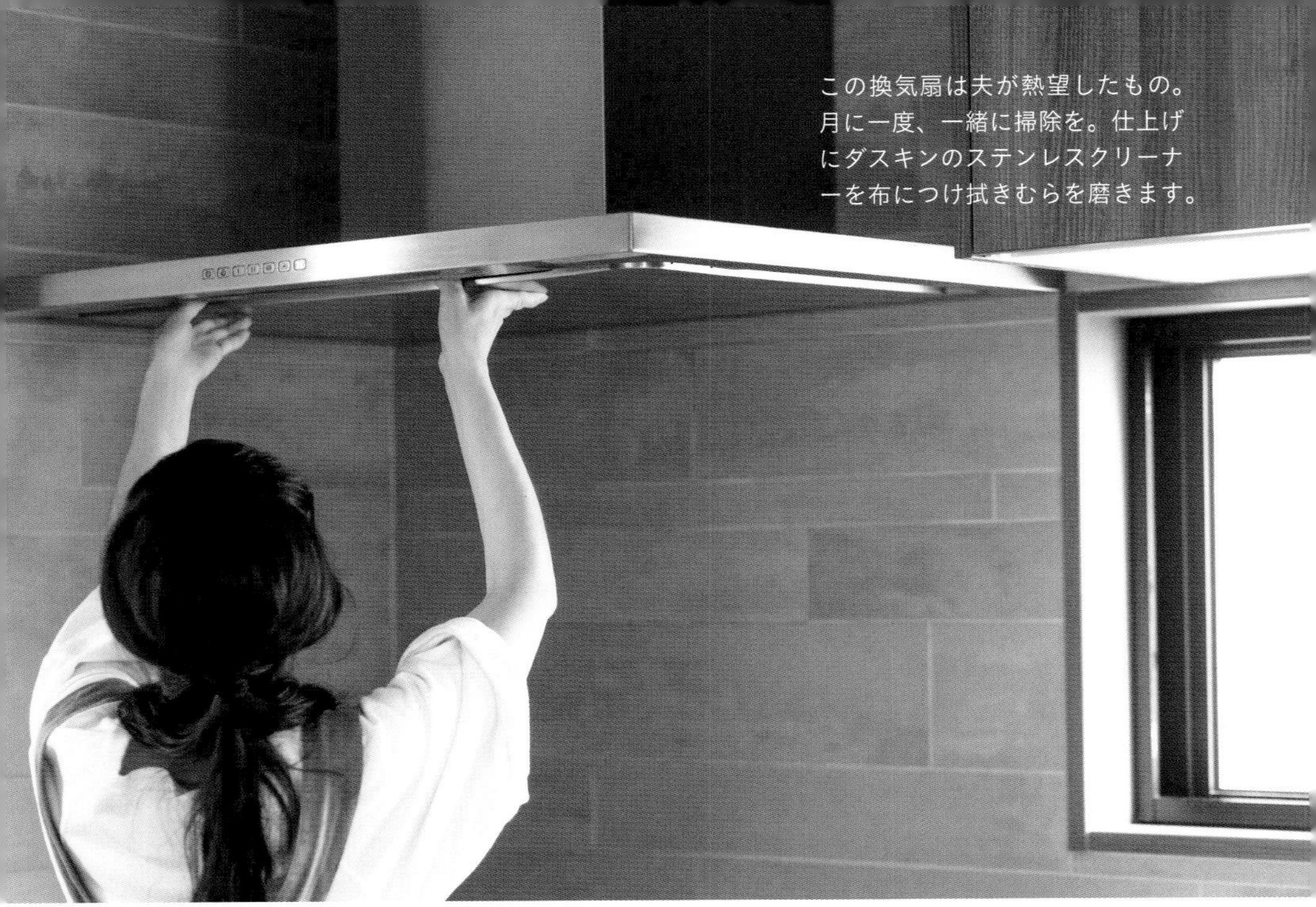

この換気扇は夫が熱望したもの。月に一度、一緒に掃除を。仕上げにダスキンのステンレスクリーナーを布につけ拭きむらを磨きます。

窓辺にアルテックの照明をふたつ、吊るしました。

そんな憧れの住まいでも、私では経年変化に手入れが追いつくだろうかと思うところも。天然木の扉や床、庭の柵といった自然素材は素敵だけれど、これから歳を重ねながら住むには、手入れが苦にならないことも大事にしたいこと。それでわが家のキッチンの床には、掃除がしやすいフロアタイルを選んだり、腰壁の下には掃除機が当たっても傷がつかないように巾木をつけたり。長く住む場所だからこそ、掃除や修復の手間をかけ過ぎずに暮らせたらと、「好き」と「手間」のバランスを取りながら決めました。

北欧では、家や家具や食器などを、大事に長く使って次の世代に引き継いでいくという文化も根づいています。この家も、以前お住まいの方から引き継いだもの。私もそんな慣習を幸せに感じるから、今あるものを大事にしようと思います。これからも気負わず手入れを続けながら、いつまでも愛せる空間になるように、日々整えようと思います。

家具には定期的に
オイルを塗る

つくりつけの造作家具や、椅子やテーブルなどは、時折オイルを塗ってメンテナンス。あらかじめ職人さんや家具店で、手入れ方法を聞いておくようにしています。

壁の傷は
こまめに補修を

広域で使っている腰壁は、見た目を優先してオスモ仕上げに。トースターをぶつけたり、そらが悪気なく引っ掻いたり。見つけたら傷面の色が変わらないうちに修復するように。

玄関タイルは一枚ずつ磨く

土間のタイルは、メラミンスポンジで一枚ずつ磨いてきれいに拭き取るのが、一番の早道。落ちない汚れにはサンポールを。仕上げに重曹などで中和するのも忘れずに。

水栓金具は使ったらすぐに拭く

ピカピカの水栓金具や、洗面ボウルは、その場所全体が清潔に見えて、気持ちのよいもの。だから使ったらその都度、洗剤残りや水滴などを拭き取るようにしています。

17 そらの爪研ぎ

猫が居る生活も、早いもので三十年が過ぎました。愛猫はそらで三代目。そらは一歳になりました。

今までの猫との暮らしの経験上、まだ物心つかない頃から猫のまわりにたくさんの爪研ぎを置いておくと、壁やソファで爪を研がれないことを学びました。だからそらを迎える際には、すべて違う形の爪研ぎを部屋のあちこちに用意しました。

幾つかあるなかから、そらが気に入ったのは、ベッドを兼ねたサークル型のものと、麻ひもが巻いてあるポール型の爪研ぎ。特にポール型のものに惹かれたらしく、日に何度もそこに行ってはガシガシガシ。でもふと見たら、麻が毛羽立ったところを食べようとしています。紐や糸は腸に絡む恐れがあるから、食べてしまうと危険なので、処分することに。

それからは気に入った爪研ぎがないらしく、私が座っている椅子で爪を研ぐように。一週間ほどで椅子が悲惨な状況になり、これでは大変と、椅子で爪研ぎをしそうになったら、そらを抱えてダンボール製の置き型の爪研ぎの上に乗せ、「ここでしようね」と教えるように。それを気長に日に何十回も繰り返していたら、二代目の愛猫クリムが使っていた、木枠つきのもので爪を研いでくれるようになりました。

ほっとしたのも束の間、クリムよりも大胆に手を動かしながら爪を研ぐので、今にもはみ出しそう。そこでまた、長く使えそうな幅広の爪研ぎを探すことに。椅子で爪研ぎをしようとしたら、抱えて連れて行くことを、何度も我慢強く繰り返しながら、やっと慣れた頃、椅子を張り替えることができました。これからもそらの好む爪研ぎを探しつつ、私の椅子が無事なことを願うばかりです。

18 日用品は更新期間を決めておく

先日、クリーニングに出していたラグが戻ってきました。そこにメモが貼られていて、「裏の糊づけが剥がれてきたので、次回のクリーニングはお勧めしません」と書いてありました。十五年ほど使い続けた無印良品のシャギーラグ。初夏からは生成り、秋にはグレージュに敷き替えながら、とても気に入っていたもの。こまめに手入れをしていたので、使えなくなるなんて、思いも寄りませんでした。

ラグを広げてみると、床にぽろぽろと白い粉が落ちて、シャギー部分も簡単に抜けました。それを見て、夫と「これはもうダメだね」と納得し、両色とも処分することにしました。

リビングでごろ寝をしたり、愛猫と遊んだりするには、ラグは必需品。時間がある時にネットで目星をつけておき、次の休みに同じようなものを探しに

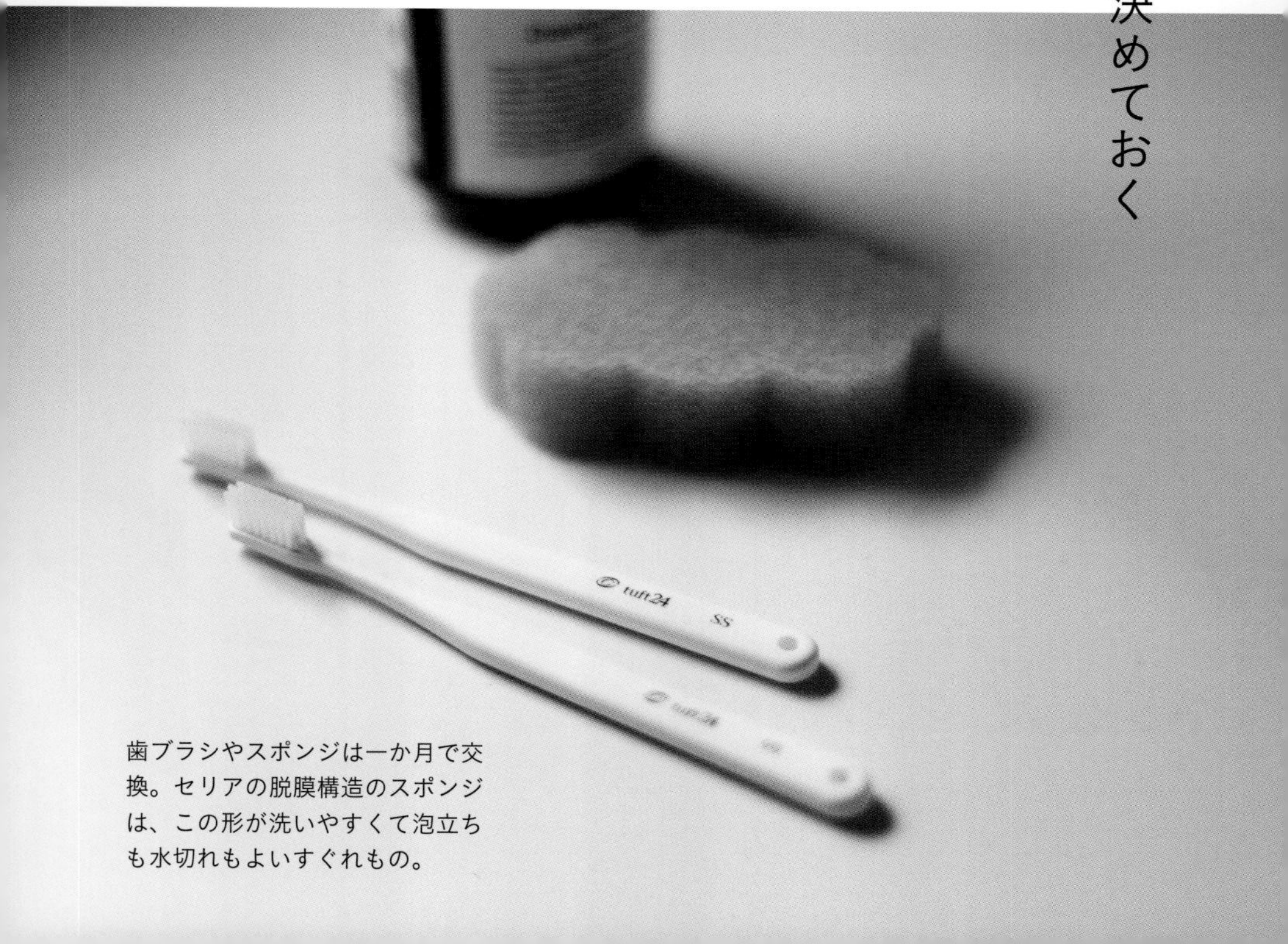

歯ブラシやスポンジは一か月で交換。セリアの脱膜構造のスポンジは、この形が洗いやすくて泡立ちも水切れもよいすぐれもの。

行くことに。幾つかショップを巡るうちに、ウィルトン織のシャギーラグを、以前のものと変わらない価格で見つけることができました。

　同じ頃、夫が「タオルも最近ごわごわして感じない？」と言うので、改めて触ってみると本当にごわごわで(笑)。いつ買っただろうと思い返してみると、なかには五年以上経っているものもありそうです。気持ちよく使えるよう、洗濯は丁寧にと思っているのですが、使い心地が悪ければ本末転倒です。

　それを機に、以前から使用期限を決めている、歯ブラシやスポンジなどの消耗が早いもの以外でも、交換や取り替えが必要なものは、更新期間を決めることに。購入した日づけを買い物ノートに書いておき、だいたいの交換目安も記しておくようにしています。

毎日履いているバブーシュは白を選び、汚れたら拭くようにしています。一年ほど経つと拭いても汚れが落ちなくなるため、交換することに。

19　収納はわかりやすく

最近、本当に探し物が下手になりました。目の前にあるのにずっと探していたり、だいたいの位置を決めているのに見当たらなくて、中身をぐちゃぐちゃにしてやっと見つけたり。家族も同様で、これまでの収納をもう一度見直すことにしました。

使う頻度が少なくて、多少乱雑に収納しても「ここにあれば大丈夫」と思える場所と、もっと明確に整理したほうが使いやすい場所とに分けて、整理整頓。誰が見てもわかるよう、細かな品名を記入したラベルをすべての収納ケースに貼ることにしました。

まずは、倉庫から。裏庭に小さめの倉庫を設置して、外で使うものを集約しています。庭仕事の道具は細々としたものが多いから、イケアの白い収納ボックスを使って細分化。このボックスがいいのは、取り出しやすくて入れやすいところ。一箱にスコップや手袋を一品目ずつ入れるようにして、使ったら決まった場所に戻せる収納に整えました。

ストック食材や軽食も、整理整頓しておきたいもの。食材はキッチンカウンター下のワゴンをパントリー代わりにしているのですが、夫が買い物をしてくれることが多くなったのと、小腹がすいた時におやつを探すことが増えたことで、乱雑になりがちに。元の場所に戻さない理由を聞いてみると、「そこに隙間があったから」（笑）。食品は清潔に収納したほうが気持ちよく使えるから、在庫がわかりやすいよう細かく仕分けして、大きめの文字で記したシールをワゴンの各段に貼ることにしました。

収納を整えるのは、結構面倒なこと。それでも当面は、探し物に時間を取られずに済むと思えば、大きな収穫です。

屋外の倉庫には庭仕事の道具や非常時用のポリ缶、車の洗浄道具などを収納。水濡れする道具は、マグネットフックを使って側面収納。

物の場所は
シールラベルで管理

洗えて耐久性にもすぐれた、イケアのソッケルビートの収納ボックス。スコップや土入れなどの園芸道具や、花切り鋏、手袋、ゴミ袋、肥料、雑巾などを一箱一品目で収納。耐水シールを使い、中身がわかるように。

すぐ手に取れる置き場所をつくる

携帯電話や園芸鋏は、マグネットフックを使って倉庫の扉を定位置に。作業中に失くしてしまったら困る倉庫の鍵の置き場所も、こちらにつくっておくと安心。

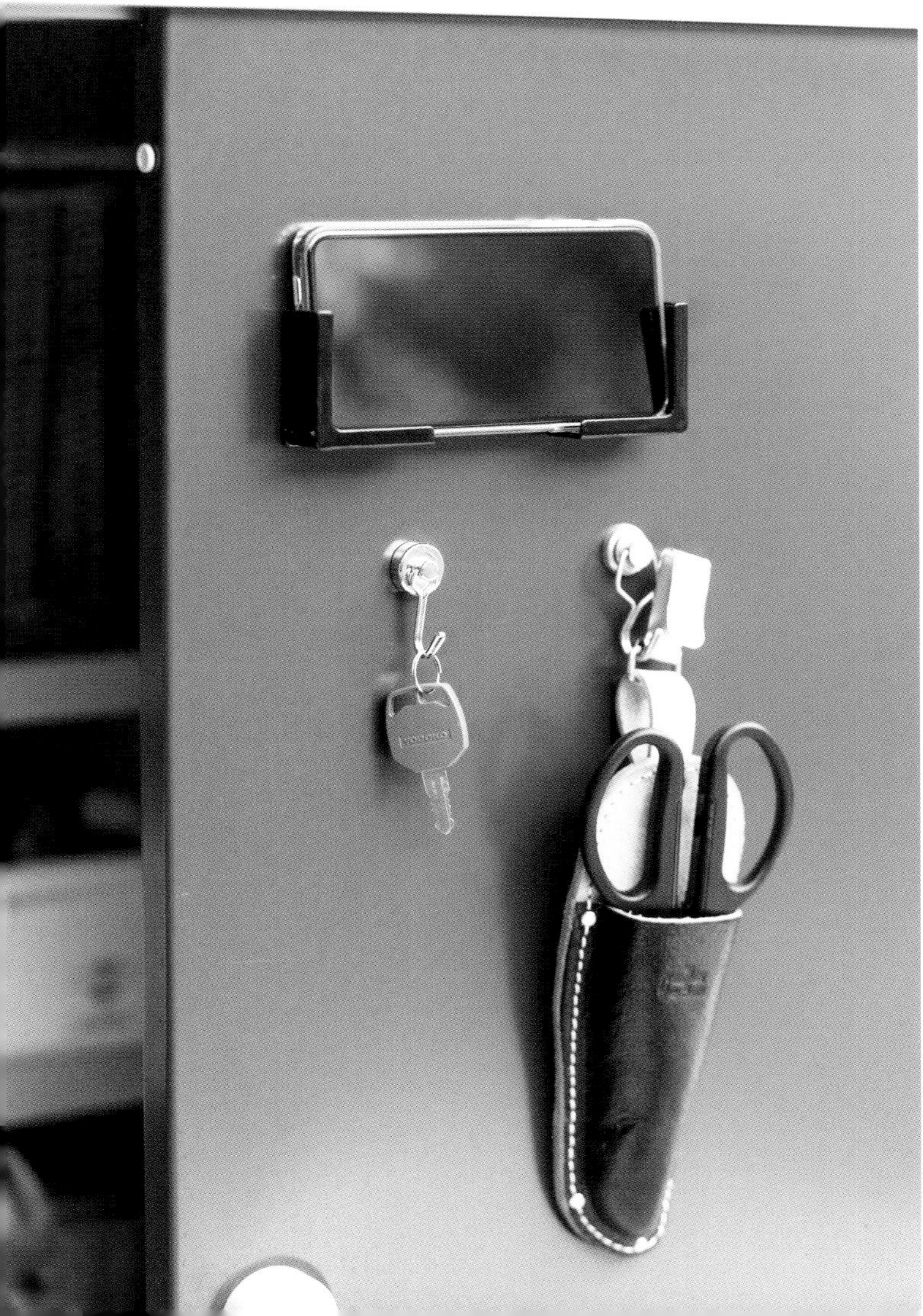

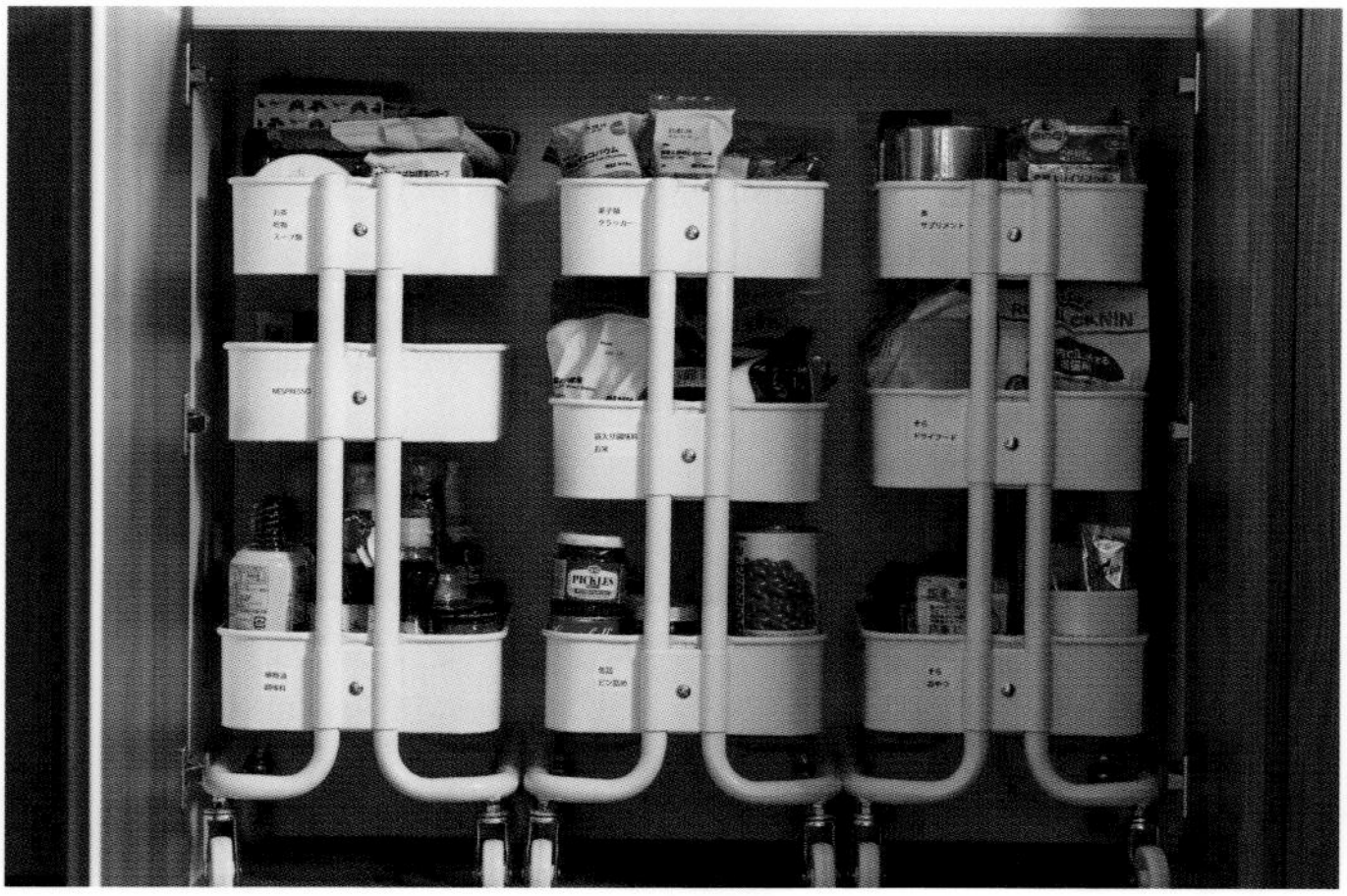

パントリーには イケアのワゴンを活用

「食材はここに」と大まかに仕分けしていた食品庫も、誰が見てもわかるよう、細かな品名を記したラベルを各段に貼って在庫管理。夫がよく手に取る軽食は最上段に入れてわかりやすく。

リビングの収納は見えてもいいように

お客様の目が届く場所にあるリビングの収納場所は、中身が見えないよう、かご収納に。使いかけの単語カードに中身を記し、ペーパーファスナーピンで留めつけています。

20 家事は仕組みづくりをしておく

草木の様子を見るついでに掃き掃除

植木に水をあげるかどうか様子を見るついでに、玄関土間の掃き掃除。一軒家はどうしても家の中に土埃や虫が入ってくるから、玄関先の植栽を眺めながら、土間を掃きます。

洗面所は手を洗うついでに拭き掃除

手を洗うたびに拭いている、水まわり。黒ずんで汚れが落ちなくなったら、メラミンスポンジにハンドソープをつけて隅々まで磨きます。水栓金具も輝きを増して、次も気持ちよく使えます。

22 自分の背中は自分で押す

家族が寝静まった夜にひとりで過ごす時間が昔から好きで、とても贅沢に感じます。静けさのなか、やりかけの仕事をしたり、かわいい子猫の動画を見たり。無事に一日が終わった安心感からか、やりたいことがたくさん浮かんで「早く寝ないと」と思いつつも、この時間を心待ちにしています。

日中はどうしても目の前の家事や仕事に気を取られてしまうから、眠る前にそんな自分を解放して、気持ちを落ち着かせて過ごすこのひと時が、大切なのだと思います。

ひとしきり自由時間を過ごしたら、明日の自分へ気持ちよくつながるように、眠る前の仕上げの家事。乱雑になったクッションを元の位置に戻したり、出ている雑貨を片づけたり。食器を拭き上げて、キッチンの排水口の掃除もして。これが眠る前の儀式のようになっていて、もう長らく続けている習慣です。

元々インテリア好きで、好きな場所で心地よく居るために家事をしているようなところがあるのです。だから、翌日の朝目覚めた時に部屋が整っていると、笑顔で「おはよう」と言える気がします。

以前は朝型だった私ですが、何年か前から目覚めるまでに時間がかかるようになりました。エンジンがかかるまで、朝ベッドの中で三十分ほど過ごす時間は、昨日の私からのプレゼント。自分の背中を自分でポンと押しながら、どんな日でも、一日が気持ちよくスタートできるよう、家事を持ち越さない習慣で、気持ちを整えたいと思います。

そらの夜食を用意しておく

愛猫そらのトイレの掃除をしたら、ベッドルームにそらのごはんをスタンバイ。そらは小食で、ちょこちょこ時間をかけて食べるので、空腹で戻さないよう、用意しておきます。

キッチンの排水口をきれいにしておく

食器を片づけて、スポンジの消毒をしたら、排水口のゴミを取って、シンク全体を洗います。明日の朝、気持ちよく使えるよう、布巾でそこら中を拭き上げて、夜の家事は完了。

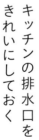

メール確認をしてパソコンの電源を落とす

夜にメールが届くことも多いから、メールの確認をしてパソコンの電源を落とします。眼鏡を洗ったり、筆記用具を揃えたり。明日もまた気持ちよく頑張れるよう整えます。

23 新しい生活に合わせた日用品選び

マンションから一軒家に移り住んだことで、日用品もこれまでとは少し違う視点で選ぶようになりました。例えば掃除用の箒も、マンション時代は玄関先にかけておける、見た目のよいものを選んでいましたが、今は街路樹の落ち葉も玄関土間の土埃もしっかり掃けるものをというのが、選ぶ基準に。掃除機もコード式の大型のものから、階段もかけやすくて小まわりのきく、充電式の軽いものが最適と思うように。住居が変わったことで、物の選び方も変わるのだと実感しています。

それとは別に、このコロナ禍でも、物選びの基準が随分変わりました。今までは洗剤なら、手荒れをしないやさしいものや、ナチュラルな香りに癒されるものを長年使い続けてきましたが、今は「きちんと汚れが落とせたね」と思えるものを手に取るように。まわりに年老いた親もいて、誰も患うことなく暮らせることが何よりだから、せっかく掃除をするなら、きちんと機能性のあるものを選び、清潔に保てたら安心です。

最近は、時勢に合わせて洗浄用品もどんどん進化しているから、洗剤や掃除シートを更新する時は、まずはコロナウイルスへの有効性が期待できる洗剤のみが掲載されている、「ナイト」というホームページを確認してから選ぶようになりました。

日々使っている日用品の商品名や適正価格を記している買い物ノートも、今の生活に合わせて更新することに。前のノートを見返すと、この数年で使う日用品のほとんどが入れ替わっていることがわかりました。だからこのノートの更新も、数年ごとの課題になりそうです。

日用品のリストと適正価格を記したノートを更新。誰が見てもわかるよう、パッケージやどこで購入しているのかを明記しています。

山崎実業の黒いディスペンサーには、キッチン用アルコールを。キッチンペーパーを使い、片手でプッシュしてさっと拭けるから便利。

蝶プラ工業のペーパータオルケース。残量もわかりやすく取り出しやすいから、今の時期の手拭きとして、洗面所とキッチンに常備。

掃除や洗濯に使う、はずれにくい手袋や、愛猫そらのトイレ掃除用の消臭ゴミ袋は、百均で。よく使うので、いつも買い置きしています。

口腔ケアも、自分でしたいもの。最近歯茎が弱っている気がするから、歯周病予防と、美白効果のある歯磨きを、二本使いするように。

24 家事の簡略化

洗濯物が少ない日でも溜めないよう毎日洗濯したり、掃除の手間もひとつふたつ増えたり。私も家族も家で過ごす時間が増えたのと、いつもきれいにしておこうと気遣う部分もあって、家事が増えていると実感しています。全部やろうとすると切りがないから、手間を惜しまずやることと、簡略化することを、私なりにメリハリをつけながら、家族の手も借りつつ、日々の家事をしています。

洗濯も以前はつけ置き洗いをしていましたが、今は省略。抗菌機能のある洗剤に替えたら、臭い残りも気にならなくなりました。代わりに、すすぎは注水で二回行うことで、洗剤残りがないよう心がけています。

掃除は、ウェットシートの床拭きと、日々の拭き掃除を増やした分、時折していた週末の大掃除はやめることに。窓拭きも、開閉できないフィックス窓は年に一、二度にしておき、他の窓は気づいた時に拭いています。マンション住まいの頃と比べて土埃が多いのか、雨のあとは汚れが気になるから、雑巾洗いの手間が省けるよう、厚手のキッチンペーパーを使い、さっと窓磨き。今はまだ、越してきたばかりで楽しい時期なので、今のうちに掃除の手順に慣れてしまおうと思っています。

夕方からの家事は、夫が定時で仕事を終えるようになったので、分け合うように。夫が率先してやってくれることも多いから、私は早めに夕食の支度に取りかかることも。そうすると、ゆったりと会話しながら食事ができて、夜の時間が長く感じます。家事を少し簡略化することで、ささやかな団欒が増えるなら、これからも定期的に見直そうと思います。

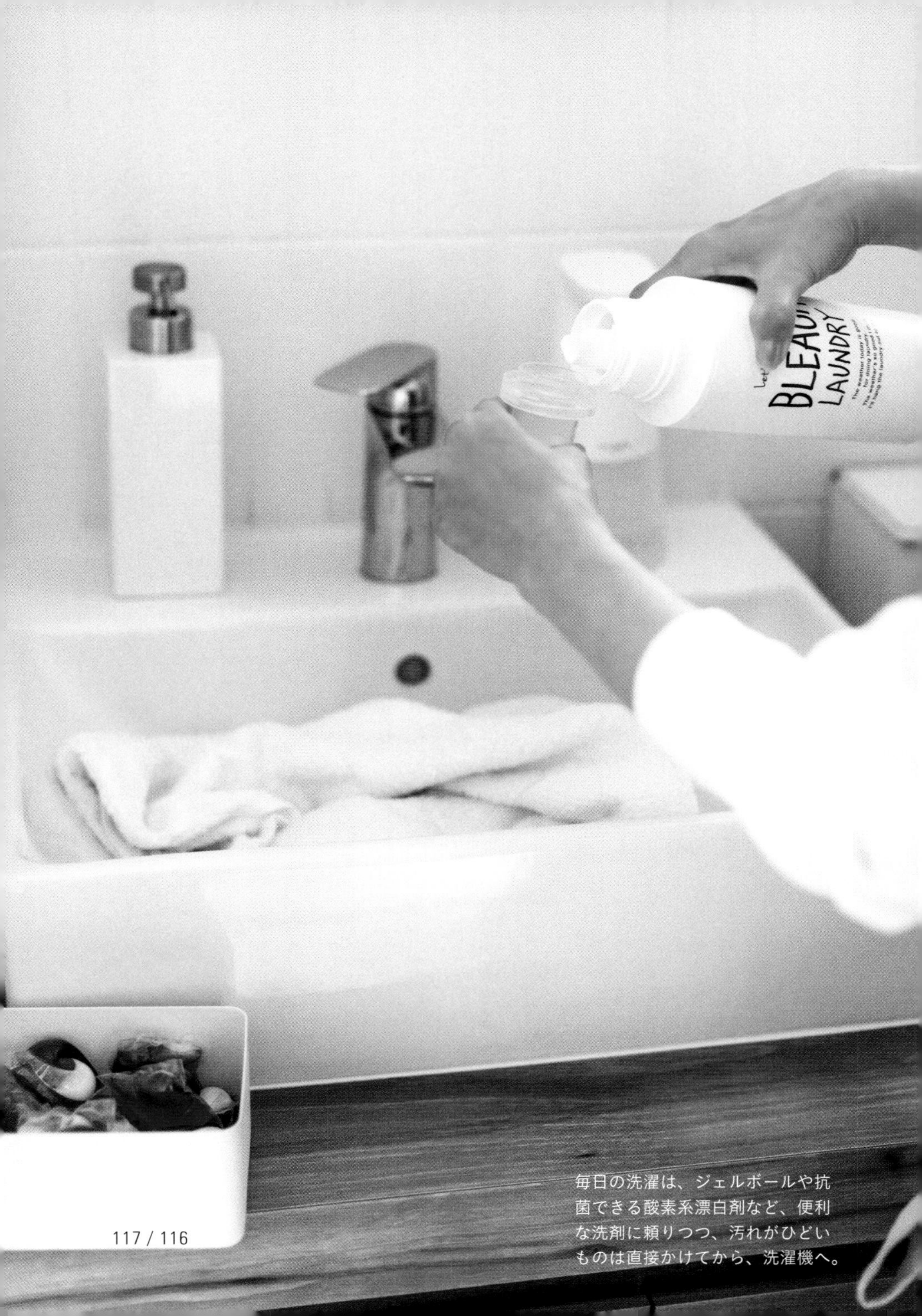

毎日の洗濯は、ジェルボールや抗菌できる酸素系漂白剤など、便利な洗剤に頼りつつ、汚れがひどいものは直接かけてから、洗濯機へ。

今までは、畳んで収納していた洗濯ネットも、次の日にまた使うから、乾いたらごっそり掴んで書類ケースに入れて収納するように。

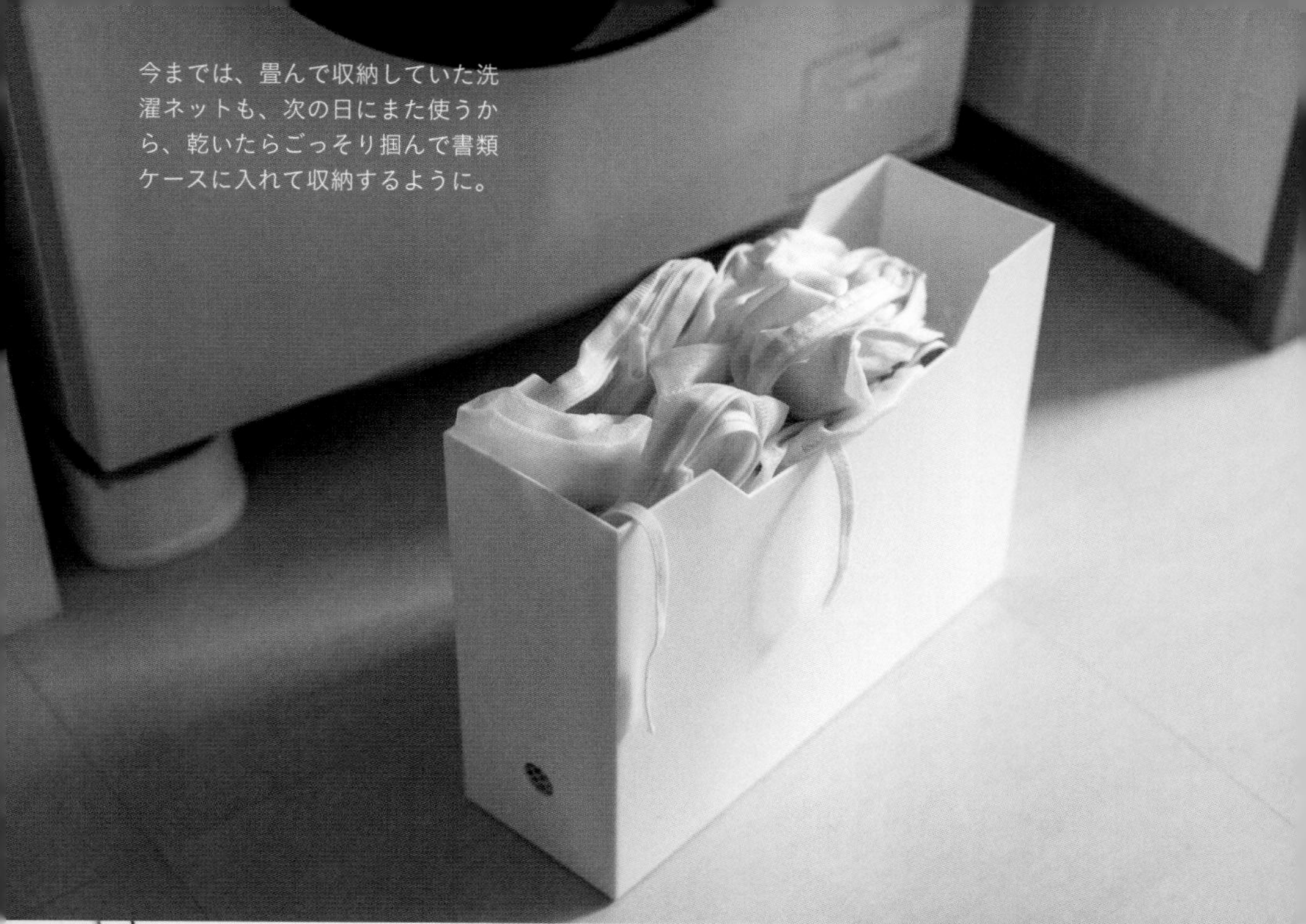

洗濯機横に棚を設置して、ビニール袋やブラシ類を収納。マスクを捨てたり、排水口の掃除をしたりする時にさっと使えるように。

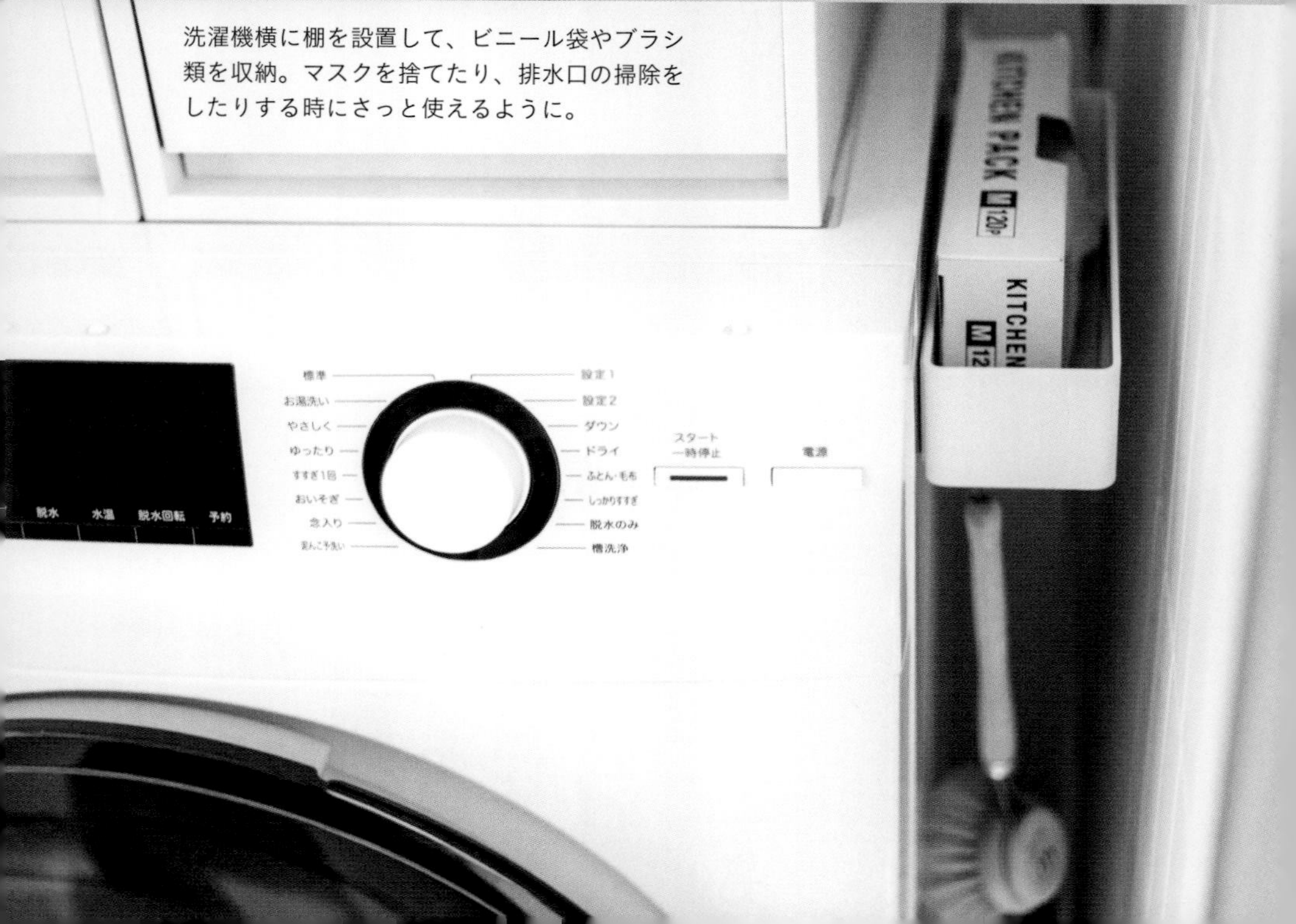

スイッチなど頻繁に触る場所は、汚れたなと感じたらすぐに掃除ができるよう、ノンアルコールのウェットティッシュを階ごとに用意。

普段着は夫、よそ行きは私と分担しているアイロンかけ。昔はひとりで家事をしながら、インナーまでかけていたので、随分楽に(笑)。

25 日用品は洗いやすいものに

最近は、家に居ることが日常で、着ているものはほとんどが普段着。一日着たら洗濯するので、洗いやすいものを選び、どの季節も何枚かの服を着まわしながら、思う存分着倒すことにしています。暖かな素材を選びたくなる冬の部屋着でも、コットン素材のものや、なるべく洗濯機で洗えるものを選びます。寒い日は、その上にユニクロのカーディガンやロングニットを重ねて。ユニクロのニットはネットに入れておしゃれ着用洗剤を使えば洗濯機で洗えるから、毎日洗濯することを億劫に感じません。

手拭きや浴用のタオル類も薄手でかさばらないものにして、惜しみなく使って、じゃんじゃん洗うように。冬にソファで使っていたニットやウールのクッションカバーも、洗いやすくて見た目の温かみが感じられる、起毛したコットン素材やモールスキンのものにかけ替えました。

寝具もカーテンもこまめに洗っています。毛布はウール毛布から、無印良品の洗えるファイバー毛布に切り替え。洗濯機で洗えて干してもすぐに乾くから、とにかく洗濯が楽に。さらにとても軽いので、干す時も持ち運びやすく、寝ていて肩がこらないのも愛用したい理由です。

カーテンもこの新しい生活様式で、洗う頻度が増しました。わが家で唯一カーテンを使用しているのは、掃き出し窓。庭に出たり、ゴミをまとめたり。私が住んでいる福岡では花粉だけでなく長引く黄砂の飛来もあり、定期的に洗えることが必須です。最近は機能性が高くおしゃれなものもたくさん揃うから、短時間で乾いてしわが寄らない素材を選べるのもいいのです。

26 わが家の防災対策

このふたつの照明はどちらも持ち運べ、段階的に照度が変えられるもの。ジェントスのランタンは電池式だから予備の電池も用意。

昨年、私が住む福岡に五十年ぶりの大型台風がくるとの予報が出ました。今年の夏は長雨に見舞われ、高台のわが家でも激しい雨音に不安になる日も。

そこで、昨年揃えたものを書き出しながら、再度ネットで情報収集。震災時に役立ったものが書かれたブログなどを参考に、足りないものを補いつつ、食品や飲料水などは、ローリングストックという消費しながら備蓄する方法で備えるようになりました。

愛猫そらの防災グッズも準備。いざという時はきっと気が動転するだろうから、こういった備えこそしておくと安心します。何を揃えておくかは、以前の愛猫の病院通いの経験が役立ちました。病院が遠方だったので約一年半の間、車で長時間移動していたのですが、その時の持ち物リストは避難時に必要なものにも通じます。キャリーバッグは、すぐに持ち出せる場所に置いておき、子猫の時に使っていたゲージも念のためまだ残してあります。

わが家で最も現実味のある停電時のために、暗がりで不安にならないよう、灯りの備えもしています。イケアの電池式人感作動照明や、キャンプ用のジェントスのランタン。それから、インテリアの一部にもなっている、ルイスポールセンのパンテラポータブル。充電式のこのライトは、今は二階の常夜灯としても使っていて、夜中に喉が渇いた時や、そらがぐずった時も、この灯り片手にうろうろ。暗くて心許ない夜中には、このやさしいフォルムの灯りが目につくだけで、ほっとします。もしかしたら、緊急時にはこんな癒しも必要なのかもしれません。

これからも少しずつ学びながら、わが家の防災を整えようと思います。

階段にセンサーつきの非常灯を

イケアの電池式人感センサーつきライト。試しに置いてみたら、とても明るく目が覚めてしまうほど。明るいほうが安心感もあるから、各部屋と階段にも置ける数を用意しています。

普段飲む物も消費しながら備蓄するように

定期便で月末に届く飲み物類は、玄関横の収納部屋に備蓄。月末にも残っているよう、多めに注文してローリングストック。

そらの防災グッズもひとまとめに

中身は、寝床にもなる爪研ぎとトイレ、フード類や割れない食器、水分補給のパウチ、トイレシートやウエットティッシュ、ビニール袋、タオル、ブランケット、爪切り、おもちゃなど。

27 工夫しながら日々の食事を大切にする

夫の体調管理のためと、なるべく時間をかけ過ぎずに食事の支度ができたらと、以前から日曜日に翌週分の作り置きをするのが習慣になっています。家族で食卓を囲む時間が元気の源だから、美味しく幸せに過ごせたらと思い、うれしいことに私も料理が趣味のようになりました。それでもここしばらくは、平日の朝晩と、休日の三食をずっとわが家で食べているので、キッチンに立つ時間も増え、必要な作り置きや下ごしらえも、今までと同じようにやろうとすると、ちょっと大変に感じるように。

そこで、葉野菜以外は冷凍野菜を活用して、作り置きの負担を軽くすることにしました。冷凍野菜は、旬の美味しい時期のものを使っているから栄養価が高いと知り、価格も安定しているのでとても助かる存在。ごぼうやにんじんなどの根菜類や、スープにそのまま入れられて便利なグリル野菜ミックス、薬味になる刻みねぎなど、あらゆる野菜をストック。必要な分だけを使える冷凍野菜は、全部使わなくても取っておける点でも助かります。今は買い物の頻度を減らしているので、食材を無駄にすることもなく、その日に食べたいものをいただけます。

毎日の食卓に欠かせない調味料は、カルディに出かけた時に買い置き。気に入った調味料を少し足すだけで、新鮮な味わいになったり、見た目のアクセントにもなったり。週末近く、野菜が一種類しか残っていない日でも、ストックしてあるハーブやピクルス、フライドオニオンをふりかけるだけで、特別感のあるサラダに様変わり。今は、便利なものに頼りつつ、この時期の食卓を、工夫しながら乗り切ろうと思います。

ここに並んでいる調味料は、一か月ほどで使い切るものばかり。特にミックスハーブは、夫がイタリアン好きなので、とても重宝しています。

煮卵とオリーブは好みの味の市販品、それ
以外は作り置き。傷みそうなものから食べ
ていき、週末前にはすっかりなくなります。

冷凍の皮つきポテト一袋分が、ちょうど収まる野田琺瑯のバットを使い、ベーコンチーズ焼きに。オリーブを添えると一層風味よく。

おかずが少ない日でも味つけご飯で栄養を補えるよう、いつも二、三種類を冷凍ストック。私ひとりの昼食はこのご飯だけで済ませることも。ホールトマトとトマトジュースで作った冷凍野菜のミネストローネは、水を使わないため冷蔵で日持ちします。

食事の時間を楽しむために、ちょっと心が華やぐような工夫もするようになりました。以前から、家で焼き立てを食べられるよう、パンの生地を取り寄せていたのですが、今は種類が豊富で、メロンパンやフランスパンも家で焼けるようになりました。

甘いものが食べたい時は、ケーキキットを取り寄せて簡単に手作り。いつも食材を注文しているオイシックスで、バレンタインデーのチョコレートタルトのキットを注文したら、これがとても美味しくて、その後三週連続で注文。トースターで焼いたナッツと冷凍フルーツをたっぷりのせて、チョコレートが固まるのを、いつも待ちわびていました。

夫が好きなラーメンも今は家で。ネットで、よく行く店の味つけもやしのレシピを探して作り、煮卵やねぎと海苔を添えて、それらしく。

普段は、何となくカロリー計算をしながら食べていますが、こんな時ぐらいは気にせずに。少しだけ特別な食卓で、気分を変える工夫をしています。

オイシックスで時折登場するケーキキット。少しだけ手を加えて楽しむように。レモンチーズケーキには、はちみつ漬けのレモンを。

冷凍生地を使って、手軽に家でパンを焼くと、それだけでも十分なイベント感。焼き上がりを待つ時間も楽しく、焼き立てはまた格別な美味しさ。バレンタインデーのタルトも作るたびにトッピングが増えて、どんどん華やかに。トッピングは、ナッツとベリーがわが家の定番。

休日のランチにパンをたくさん焼いた日は、エビと野菜のアヒージョを一緒に。お皿やグラスを工夫して、好きな器を堪能するためにメニューを決めることも。

朝食も休日だけは違うものに。夫はチーズトーストやクロックマダムに、私はフルーツサンドにして気分転換。心躍る休日になるように期待を込めて、フィンランド語で日曜日という名前のアラビアの器を使って。昼食はラーメンにして、外食気分を味わうことも。

28 こまめに保湿する

最近特に感じるのは、心も体も潤いが必要だということ。朝晩五分でも十分でもいいから自分を労わる時間を持つと、毎日元気に、気がかりなところなく過ごせるような気がします。

だから朝は、長年愛用している基礎化粧品を使い、のんびり手当てをしながら心もほぐして。自分の手を顔に当てた時、肌の状態が手触りよく感じたら、「今日も大丈夫」と思えます。最近はマスクをすることが多く、出かける予定もないから、家での仕事が忙しい時はほぼノーメイク。日焼け止めは忘れずに塗って、鏡に映った自分がキリッと見えるよう、口紅だけは差すようにしています。

少しだけ白髪も気になってきたこの頃。サロンに行くのをためらって自分で染めてはみたものの、途端に髪のツヤがなくなったのと、パサつくようにな

手袋を二枚重ねて保湿をしつつ、掃除をしたり、洗濯をしたり。綿の手袋は洗うと縮むので、ワンサイズ大きめのものを。

ったので、白髪染めは三か月に一度ヘアサロンに行くことにしました。

なるべく色落ちを抑えられるよう、カラーリング用のシャンプーとトリートメントを使い、気になる部分が出てきたら、同じ色合いのカラースプレーでカバーするように。そうしたら、次にヘアサロンに行くまでツヤが長持ちして、いつものように髪をまとめても、清潔に見える気がします。

今一番気になっているのは、首元のしわ。喉仏のまわりのしわが気になり始めました。自分が気になるからか、つい人の首元も見てしまいますが、同世代に共通の悩みなのかもしれません。私がしている手入れ方法は、大判のコットンにいつも使っている化粧水を染み込ませて喉仏の上に貼り、顔を手当てしている間に保湿をすること。

自分とはこれからも長いつき合いだから、変化を受け入れつつ、楽しみながら保湿できたら、心身ともに健やかな暮らしが待っていると思うのです。

髪は束ねる前にナプラのオイルを馴染ませて保湿。外出する時は、UVカットオイルを上塗りして。

29 自分にこそ手をかけて

そういえば、更年期といわれる時期をすんなり乗り切ることができました。人によっては強い症状が出ると聞いていたけれど、私の場合はごくたまに、手がこわばる程度。そんなに大変だと感じないままこの期間を過ごせたことに、今はちょっと安堵しています。

何か特別な対策をしていたわけではないけれど、それでも幾つかの習慣で備えていたことがよかったのかもしれません。習慣のひとつは、毎朝起き抜けにコップ一杯の冷やしたシリカ入り炭酸水を飲むこと。爪や髪の毛、血管を強くする効果があると聞いて飲むようになったのですが、おかげでお腹の調子もいいような気がします。

朝食の牛乳は、骨密度を強化する「毎日骨太」に。実は牛乳が苦手なので、濃いめのボトルコーヒーで割って飲んでいます。カフェチェーン店のカフェラテのような味わいになり、好きな味になりました。

それ以外には、ビタミン剤を飲んだり、エクオールの錠剤を取り入れたり。季節の変わり目に手がこわばる時は、「命の母A」を飲むようにしています。

また、家に居るとどうしても運動不足になりがちなので、家事をしながら運動も。掃除機をかける時は、お腹に力を入れて姿勢をよくすることを意識。食器をひとつずつ拭いて食器棚に仕舞いながら、歩数を稼いだり、愛猫そらと階段の上り下りをしながら、ボールを投げて一緒に遊んでみたり。それを続けた効果でしょうか、かかとから落ちるよう歩いていたら、下がる一方だった骨密度が、定期健診で上がるという奇跡まで起きました。今までは落ちるばかりだったので、まずは進歩です。

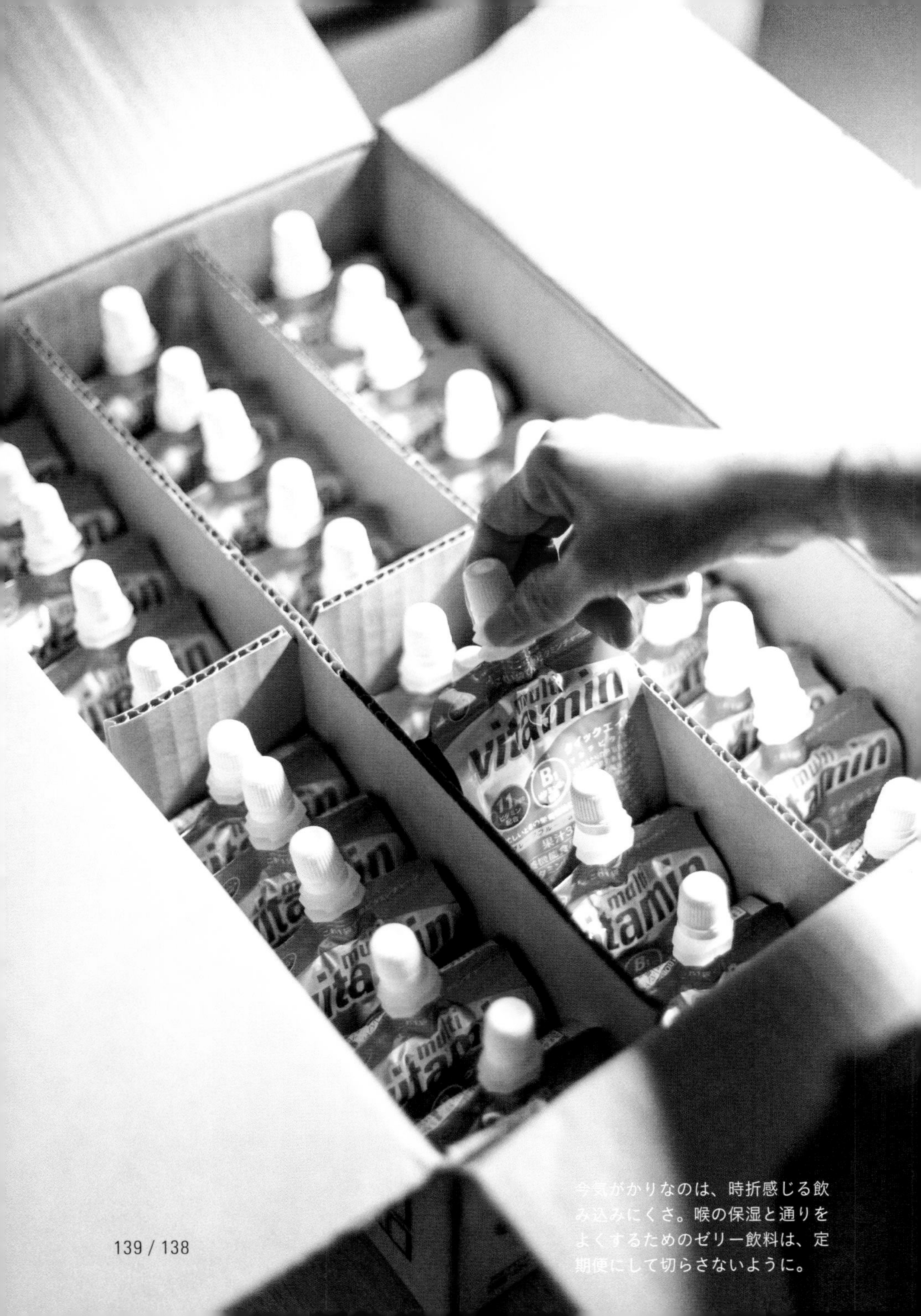

今気がかりなのは、時折感じる飲み込みにくさ。喉の保湿と通りをよくするためのゼリー飲料は、定期便にして切らさないように。

30 普段着はワンピースで

この一年ほどで、選ぶ服も随分変わりました。今の日常服は普段着。家で過ごす毎日だから、部屋でも楽に過ごせて、ちょっとの外出なら、何かをプラスするだけで、おしゃれ心を満たしてくれる。これを着ていれば安心と思える服が理想です。

私の秋冬の理想の普段着は、前ボタンで、脱ぎ着しやすく、一枚で着てもほどよい緩みで、羽織りとしても着られるもの。インナーを着てもかさばらず、足さばきがいいもの。それからいつも風邪をひく時は喉からくるので、首まわりは詰まっているものを。昨年の秋に「これはどうだろう」と思うワンピースを見つけて、着てみることにしました。

選んだのは、無印良品のオーガニックコットンのスタンドカラーのワンピース。試着をしながら、ほどよい緩みと長めの丈が気に入って、サイズはＭＬ

Autumn / Winter

を選びました。ワンサイズ上げたことで、生地の風合いもゆったりした印象に。また今の時期は家で簡単に洗えることも大事にしているから、ワンピースだと洗濯もかさばらずに済みます。毎日何を着ようかと考えるのも今は面倒に感じるから、色違いを徐々に足していきました。

春夏の普段着は、ここ何年かノースリーブのワンピースを基本にしています。真夏はそのまま一枚で着て、肌寒い時は、インナーに長袖を着たり、カーディガンを羽織ったり。今年は、クーラーが効いている部屋の中で過ごす時間が多く、ノースリーブでは冷える気もしたので、半袖のポロワンピースもワードローブに加わりました。今は限られた服での組み合わせが、とても楽しく、日々、居心地よく暮らしています。

Spring / Summer

at home
Autumn / Winter

ワンピースに
ロングカーディガンが定番

秋冬は、無印良品のスタンドカラーのワンピースが活躍。寒い日は上にユニクロのベルトつきロングカーディガンを。レギンスや、レッグウォーマーを組み合わせて暖かく。

outside

Autumn / Winter

出かける時は
スタンドカラーの
ワンピースを主役に

フランネルのポケットつきのワンピースは、コート代わりに羽織ることも。パンツを重ねたり、大判のストールを巻いたり。たくさん重ねて、秋冬ならではの着こなしを楽しみます。

Spring / Summer

at home

TPOに合わせて カーディガンやインナーをプラス

白いカーディガンやアクセサリーを足して、Zoom会議をしたり。インナーにUVカットTシャツを着て、庭仕事に励んだり。何かをプラスして場面に合う着こなしに。

Spring / Summer

長めの羽織りや
コートを合わせて
散歩や買い物へ

いつも通っている生花店ブルーメンさんに花を買いに行ったり、近くの公園で散歩をしたりする時は、きちんと感が増すよう、黒いロングカーディガンや薄手の麻のテーラードコートを羽織って出かけます。麻のノースリーブワンピースはワンサイズ上を選ぶと、風に揺れるシルエットに。

outside

秋になると大量買いする長めのもこもこ靴下。黒・紺・茶色を、黒を多めにアソートで二十足ほど、一年分まとめて買い揃えます。外出する時もこの靴下を愛用していて、暮らしに欠かせない必需品。

31 足元を冷やさないように

二年ほど前から、夏でもレギンスと靴下を身につけるようになりました。エアコンの効いた室内でずっと椅子に座ったままパソコン作業を続けていると、手足が冷えて顔まで冷たくなって。お風呂では急に温まるからか、顔の赤みがなかなか取れません。さらには、夜寝る前や朝起きた時に、足がつるようにもなりました。

そんなわけで、冷え対策に、ユニクロのエアリズムのコットンレギンスに、もこもこ靴下を重ね履きするように。夏にここまでやるのは大袈裟に感じますが、寒がりの私には、このぐらいがちょうどよく。靴下はセリアのものですが、汗も吸い取ってくれ、バブーシュも脱ぎ履きしやすいのがよくて、毎年秋になると大量買いしています。

この組み合わせは、庭仕事の時にも最適。レギンスはUVカット仕様なので、紫外線防止にもなり、蚊にも刺されなくなりました。ジャストサイズを選ぶと、夏の薄手のボトムでも下着のラインがひびかず、パンツもすっきり穿けるよう。お腹や脚の締めつけ効果もあるので、姿勢もしゃんとするようです。むくみ防止にもなるようで、穿く前よりも脚の形がすっと見える気がします。

冬は、レギンスをヒートテックタイプに衣替えして、同様にもこもこ靴下を重ねて。それでも寒い時は、レギンスの上からさらにフリースパンツを重ねたり、おしゃれ小物として使っていたレッグウォーマーをプラスしたり。

これが功を奏して、極度の冷え性もやわらぎました。冬場に悩まされていた足の小指のしもやけもできなくなり、手足も冷たくなくなりました。冷えは万病の元。体調管理も幸せに暮らす基本だから、これからも対処していこうと思います。

32 しゃんとさせてくれるイヤリング

このところ、おしゃれするのがすごく楽しく感じます。何を着るにも機嫌よく、自分さえよければ同じ服を着続けるのも気にならない。自分のなかで、洋服選びがとても自由になった気がします。

最近庭仕事をする時は、パンツをよく穿くように。作業のしやすさと防虫対策を兼ねているのですが、繰り返し着ることで慣れてきたのか、いつもスカートが定番の私でも、「パンツもいいな」と思うようになりました。

歳を重ねてよかったと思うのは、個性的な服やアイテムが似合うようになったこと。以前は、少しデザイン性のあるものを身につけるとどこか格好つけているような気がして、気後れしていました。今は服や小物も、自分らしい着こなしに上手く落とし込めるようになりました。

アクセサリーも同様。素敵だなと思っていても、どこか媚びている気がして敬遠していた揺れるタイプのイヤリングも、ここ何年かは頻繁に身につけていて、今一番気に入っているアイテムです。

最近のマイブームはイヤリングの二個づけ。試しに組み合わせてみたら、自然と取り入れられ、様々な雰囲気で楽しめるように。どちらかひとつをパールのものにするとほんのり上品に見えて、大人のやわらかさが出るように思います。

手を洗う機会が増えた今は、こんな風に顔まわりのアクセサリーで、おしゃれ気分を満たしています。服は普段着が多いから、存在感のあるイヤリングを幾つか用意しておき、普段使いに。いつもの服でもこなれた感じがして、きちんと感も出るようで、心持ちもしゃんとします。

マスクをしていると、紛失することもあるから、選ぶのは三千円前後までのものに。パールのクリップはアマゾン、揺れるイヤリングはチャビットで購入。

33 バッグは小ぶりのもので

出かける時の荷物が一段と減りました。必ず持ち歩くのは、鍵と携帯と財布やハンカチに、ウエットティッシュ。買い物に出かける時は、これにエコバッグを二個追加。これらが入る大きさが、今のバッグ選びの基本です。持っているバッグのなかでちょうどいいのは、ずっと好きな、白い帆布のバッグ。これを洗いながら使い続けていましたが、黒いバッグもあったらと、小ぶりのものを新調することに。

選んだひとつは、ショルダータイプの黒い合皮のもの。もうひとつは黒いかごバッグ。どちらも使いやすく、自立するのがいいところ。つるんとした形状なので、服に擦れることなく持てるのも好ましく感じています。

今までは肩がこるので敬遠していたショルダーバッグですが、このサイズなら、こらずに使えます。肩かけにしたり、斜めがけにしたり。シンプルニットに合わせるだけでもポイントになり、コーディネートが引き締まるようで、買い出しに行く時は、このバッグを斜めがけして、出かけることが多くなりました。

ポリエチレンのかごバッグは、かご好きなので無性にかごが持ちたくなった時に。見た目のきちんと感もあって、さっと拭けるのも気持ちよくて。中に無印良品の黒いバッグインバッグを入れて、荷物を整理。バッグインバッグも、洗濯機で洗えて型崩れせず、すぐに乾くから、とても重宝しています。

どれも私の普段の服装に合うようで、最近の着こなしは、この三つのバッグでまわしています。着こなしのどこかに黒を取り入れて、黒いバッグに黒い靴。そんな格好が今の定番になっています。

アクタスのショルダーとヒントヒントのかごバッグ。拭ける素材も選んだポイント。北欧のポットホルダーを、布バッグのバッグかけに。

34 ちょうどいい距離を保てるように

この一年で、お互い今の生活様式にも慣れてきたのか、それぞれの自分時間、ふたりの時間が適度に持てている気がします。それがとてもいい距離感で、マンションの時より少し広くなった、今の暮らしのよさだと感じています。

私が締め切り前で原稿を書いていると、夫が「植木に水をあげてくるね」と庭に出て行くことも。ふと二階の窓から庭を覗くと、ガーデンチェアに座り、まどろんでいる姿が見えます。こんな風に家の中にひとりでリラックスできる場所、ひと息つける場所があることは、本当によかったと思っています。

同じように、夫が忙しくて集中している時は、私は家事をしたり、別の部屋で愛猫そらと遊んだり。それでも、食事は一緒に話しながら食べています。

ある時、何気ない食事中の会話で「家の中でどこが好き？」と夫に聞いたことがありました。すると夫からは、「リビングも好きだけれど、寝室がいい」と返ってきました。

広くない寝室ですが、掃き出し窓から庭も眺められ、一階なのですぐ外に出て自然を感じることもできます。以前のマンション住まいの時から使っている、夫専用のチェストもこの場所にあるから、ゴロゴロするにも、ひとりで集中するのにも、ちょうどいいのだと思います。そんな経緯もあって、夫がより使いやすくなるよう、寝室の机を新調しました。

この先、夫が定年を迎えたり、生活に変化が起きたりしたとしても、互いの気配を感じつつ、それぞれの時間も大事にしながら過ごしたいもの。ふたりが居心地よく、心通わせた毎日が送れることを、何より大切にして暮らせたらと思うのです。

そらのごはんの管理も　ふたりができるように

今までの猫とは、食事の好みが全く違うそら。そらの好みに合わせ、一日に必要な分量も知っておくために、そらのごはんの支度は、どちらともできるようにしています。

お互いの年金を　把握しておく

これから先の暮らしを見据えて、どれくらい入ってきて、あとどれくらい必要なのか、今の収支と照らし合わせ、お互いのおおよその年金額も、把握しておくようにしています。

36 休日は家族で過ごす

結婚してから、夫も私も休みの日は、必ず一緒に過ごしてきました。結婚当初、夫は出張も残業も多くて、休日は月に一、二日程度。当時は、私が事務仕事で平日が休みだったこともあり、貴重な休日をなるべく合わせるようにしていました。

それからも、何となくお互いの休日を確認しながら、ともに過ごす習慣は変わっていません。休みの日は、一緒に家の用事を済ませたり、食材の買い出しに出かけたり。私が忙しい日は、出かけずにふたりとも家に居て、それぞれ自由に過ごしたり。特に決めごとにしたわけではないけれど、もう三十年以上、休日は一緒に過ごしてきました。

今では、この習慣がとてもよかったと思っています。家族ですべて分かち合うこと。これができていると、老後ふたりの時間が増えても、お互いの存在が安心感につながる気がするのです。

私は、何でも細かく考えてから進む慎重なタイプですが、夫は「手に負える範囲なら、いいのでは」と、大らかに受け止める人。そんな違いがよかったのか、苦手なことを助け合うようにもなっていて、夫は家族であり、親友であり、そして相談相手。今のこの閉ざされた世の中でも、日々穏やかにいられるのは、お互いの存在があったからだと思います。

時には喧嘩をして、もう顔も見たくないと思うことも年に一、二度はあるけれど、腹を割って本音で話せていると思えば、これも安心感につながります。ただ、ここのところお互い融通が利かなくなってきているなぁと感じることも。気持ちがどうにも抑えられずに、もやもやとしてしまう時は、思いやりという言葉が身に染みる日もあるのです(笑)。

37 そらとの時間

まだ小さく保護猫だった愛猫そらがわが家にきて二日目の夜のこと。子猫用ケージの細い柵の間から無理やり抜け出て私達の所にきたのを見て、内臓が破裂していないかと、肝を冷やしたことがありました。今ではもう笑い話ですが、そらが私達と一緒に居たいのだと感じて、その日からずっと寄り添いながら暮らしてきました。

そらは、とても勇敢な女の子。生まれて二か月半の頃、まだ階段を下りられないだろうと高《たか》をくくっている私をしり目に、私の足の間をすり抜けて階段を下りて行き、びっくりさせられたことがありました。そらのあとをついて行くと、寝室の掃き出し窓から外を眺め、窓の外に鳥が飛んできても、蝶が飛んでいても小さな体は一切動じず。わが家にやってくるまでは外猫として果敢に過ごしていたであろう

そらを、とても頼もしく感じました。

やんちゃなそらが誤って逃げ出さないように、玄関ホールには脱走防止扉をつけることに。のびのびと走りまわるようになったそらを見守りつつ、洗面所とトイレ以外は、自由に過ごせるよう整えました。

最近は、好きなおもちゃを転がしながら階段を下りてくる姿がかわいくて。私が一階で家事をしていると、二階のおもちゃ置き場から自分の体より長い柄のおもちゃを、一生懸命持ってきたことも。その姿がいじらしくて、涙が出そうでした。

階段下でにゃーと鳴くそらに「そらー」と呼ぶと、決まって一目散に駆け上がってきます。かまって欲しくてそれを何度も繰り返す時はちょっと大変に感じることもありますが、素直に甘えてくれることがうれしくて、これもよしとしています。

Ｚｏｏｍ会議がある日のこと。会議中はそらをかまうことができないから、ひとりで遊んでもらえたらと、YouTubeの猫が喜ぶ動画をテレビで見られるようにしてみました。するとこれに大はまり。一時間は平気で遊んでくれるから、今やテレビのリモコンを持つだけで、そらがテレビ前に待機するようになりました。

掃除をしていても、一緒にしているつもりなのかそばにきて眺めたり、撫でられるのも好きで、日に何度も足元にきてはすりすりしたり。かわいいポーズで誘いつつ、全力で甘えてくれるから、そんな姿に何度も笑顔になります。

甘え上手で愛され上手なそら。二代目の愛猫クリムが居なくなって気づいたのは、家族の会話の半分は愛猫の話だったこと。歳を重ねると会話が減るというけれど、家族の話題づくりにもそらが一役買ってくれていて、居てくれてよかったと思います。

これまで長く猫と暮らすなかで、それぞれの愛猫達がいとおしく、ミルク、クリムが居たから今そらが居る、そう感じています。これからもそらを大事に育てながら、幸せを積み重ねていこうと思います。

38 家族のつながり

結婚当初、夫は新しく始めた会社に移ったばかりで収入があまり安定せず、私も就職したばかりで給与も少なく、少しの間生活が大変な時期がありました。お給料が振り込まれてすぐ、光熱費や家賃などの支払いを済ませると、笑ってしまうくらいしか生活費が残らない月も。

切り詰められるところから切り詰めようと、一日の自分のお小遣いは、昼食込みで五百円と決めることに。お給料日にその月分の五百円玉に両替して、気に入った空き缶に入れ、そのなかでやりくり。若い時は特に食が細かったので、好きな花を飾りたいから、読みたい本があるからと、お昼を我慢することも。健気な自分を思い出して、今では笑ってしまいますが、当時の自分は無理をしている感覚がなく、毎日とても充実していて、生活を楽しんでいました。

それでもある日頑張り過ぎたのか、倒れてしまったことがありました。その時真っ先に駆けつけてくれたのが、夫の母。何でも自分達で抱え込んでしまっていることをとても心配してくれ、私達の気持ちを尊重しながらも「もし月末に食事に困ったらうちにおいで」と言ってくれました。

義母の気持ちに感謝しつつ、その言葉に甘えて、月末に食費の捻出が大変な時には、旅行のように荷物をまとめて夫の家に泊まりに行くことに。仕事帰りに「お義母さん、もうお米が尽きたので今日からお世話になります」と言って、数日実家暮らし。そんなことが数回ありましたが、ほどなく夫の会社も軌道に乗り、私も転職して、預金もするように。

それからは、夫の家族と旅行に出かけたり、夫の弟妹と、おのぼり気分で東京見物に行ったり。誕生日や母の日、父の日も一緒に祝うようになりました。私の家族は、母も仕事をしていて共働きだったので、家族団欒で過ごす時間がとても新鮮に感じられました。あれから長い年月が経ち、義父が亡くなったり、義母が妹と住むようになったり。あの頃と家族の形態は変わっても、今でも仲よくしています。

今から思えば、私が素直に甘えられたことが、義母との距離をぐっと縮めるきっかけに。私は幼い頃から甘え下手で、人に助けてもらうのが苦手。そんな私に時には人に頼ってもいいんだよと、教えてくれたのは義母でした。

今この歳になって思うのは、守ってもらう存在から、守る立場になったということ。義母に電話をすると、お互いの近況を話しながら相談に乗ったり、頼ってもらえたり。そうやって寄り添えることがうれしく思います。こんな時期だからこそ、これからも家族皆で気持ちを通わせながら、助け合っていけたらと思うのです。

39 味方でいること

不安な気持ちを吐露できる家族や友人の存在は、私にとって何ものにも代えがたい存在です。日々の暮らしのあれこれは、自分で決断することが多くて、それを孤独と捉えてしまう日もあるけれど、こうして毎日を幸せに過ごせるのは、まわりに居てくれる人のおかげです。

私も同じように人を支えられているかというと、まだ足りない気もします。大きな支えになるにはまだ少し頼りなくても、それでも、どんな時も味方でいられたらと思います。

友人なら、何があっても変わらない温度でそばに居て、何かを打ち明けられても、人には話さないこと、人の悪口は言わないこと。電話がかかってきたら、いつも明るい声で対応すること。そんな風に、最低限、自分で心に決めていることもあります。

夫の母とは、最近よく電話で愚痴を言い合うようになりました。お互いに気兼ねなく話すなかで聞いたことは、夫には言わないようにしています。ふたりだけの秘密(笑)。ちょっとした会話の時に出る愚痴は、誰かに聞いてもらえたら、それだけですーっと楽になるもの。私も、そんな気持ちです。

一番身近な夫とは、この先の見えない日常を幸せに乗り切るためにも、思いやりを持って過ごそうと思っています。とはいえ、些細なことでイライラしたり、たわいないことで落ち込んだり。私のどんな姿も見せているから、時には申し訳なく感じることも。その代わり時折、夫もそんな姿を見せてくれるから、それもお相子だと受け止めてくれていたらと、勝手に思っています(笑)。そして、何かあった時には、笑顔で私が一番の味方でいようと思います。

40　笑顔の出し惜しみをしない

今のわが家に越してきてすぐに、自宅待機生活になりました。それ以前に町内会の同じ組の方々には引っ越し前のご挨拶に伺ったり、改装工事のお知らせに行ったり。その頃はまだマスクをしていなかったので、皆さんの笑顔に触れて、ほっとしたことを覚えています。笑顔には不安な気持ちをかき消してくれる、そんな力があると思います。

今はマスク生活のこともあって、家族以外の人と会話することも少なくなりました。それでも庭の手入れをしていて、前を通られたご近所の方に笑顔で会釈をしていたら、声をかけてくださる方も増えました。天気のことや、庭を見た感想など。時には「前を通るのが楽しみです」と、褒めてくださることも。お世辞でも褒めてくださったら、明るい声で「ありがとうございます」と返しながら、目だけでも笑顔は感じられるから、マスク越しでも笑顔で接するようにしています。

家族との毎日でも、暮らしに笑顔があふれると、幸せな気持ちになります。掃除をしている時に、愛猫そらが遊んでいると勘違いして邪魔をしてきても「遊んでいるんじゃないよー」と笑顔で伝えてみる。それを続けていると、猫もこの人は味方だと感じるのか、甘えん坊なかわいい子になりました。

ちょっと大変な時でも「あー雨すごいねー。ゴミ出し大変」と笑顔でゴミをまとめたり。「また落葉がいっぱい。今日は掃かないと」と笑いながら会話したり。少し気落ちする場面でも笑顔で話すと、自分のいやな気持ちも半減するのと、部屋の空気も明るくなるから、家族のためにも、笑顔の出し惜しみはしないように心がけています。

41 今までの自分を誇りに思う

二〇一六年に出版された『重ねる、暮らし』が今年になって文庫化されることになり、久しぶりに本を読み返しました。この本を書いていたのは、五十代になったばかりの頃。ちょうどこの頃、とても好きだった夫の父が他界したり、私の母や愛猫クリムまでもが患うようになったり……。様々なことが一気に押し寄せてきた時期で、「五十代はこんなにも不安なものなのか」と、心許なくなりました。

今から思えば、当時の私は一生懸命頑張っていた気がしますが、それでも、至らない自分ばかりが目について、いつも「しっかりしないと」と思う毎日でした。

あれから五年の月日が経ち、今感じるのは、あの時大変だったことや、悩んだり迷ったりしたことのすべてが、今の私の糧《かて》になっているということ。自分を取り巻く環境が日々刻々と変わっていく現実に戸惑いながらも、ひとつひとつにきちんと向き合って乗り越えてきたことで、少し自信がついたような、たくましさが養われたような、そんな気もしています。

当時、あまりに考え過ぎて、自分のなかで答えが出なかったこともたくさんあるけれど、今笑って過ごせていることが、何よりだと感じています。これからも、きっといろいろなことが起こるだろうけれど、やみくもに慌てず、怖がらず。ささやかにでも今までの自分を誇りに思って、真摯に向き合いながら、前に進んでいけたらと思います。

42 ざわざわを拾いに行かないように

この一年ほど、雨が降る前や台風が近づく時に頭痛を感じるようになりました。これまでは、頭痛とは無縁の生活をしていたので、歳とともに体調も変化することを実感。そんな時は、仕事も急ぎの課題がなければパソコンを終了して、家事もすべて手放して、ちょっと休憩することにしています。

痛み止めを飲んだら、リビングのラグに寝転んで、うんと伸びをして大きな大の字になって寝る。実は一度もやったことがなかったのですが、やってみると心身ともに解放されて、何ともいい気分。最近は夜寝室に行く前に、眠る前の家事をし終えてから、またリビングで大の字に。全身の力を抜いて天井を見上げていると、一日の疲れが消えていくよう。ここで「明日も家族が平穏無事に過ごせますように」と願うのが、日課になりました。

いつも仕事と家事が融合しているような毎日で、たまの休日でも、「今日はゆっくりしたいね」と言いつつ、キッチンで手を動かしていたり、テレビを見ている夫の傍らで掃除を始めてみたり。そんな私をぼーっと見ていた夫がふと「動いていないと死んでしまうんだろうね」と真顔でぼそっと言ったのがおかしくって(笑)。すごく的を射ていて、ふたりして笑ってしまいましたが、自分ではくつろいでいるつもりでも、実はあまり休めていないよう。

だから、頭痛がする日は、思い切って休日に。友人と電話でおしゃべりをしたり、家事は最低限にして、ただのんびり過ごしたり。明日からをリズムよく過ごすために、頑張り過ぎる自分をお休みする日も大切です。

48 今日も幸せだと思う

どこか落ち着かない日常も、二年目になり、この状況が好きとは言えないけれど、少し慣れた気もします。週一でランチがてらに出かけていた買い物も、夫が仕事帰りに寄ってくれることが増えました。夕方、電話片手に「あれもなかったかも」と会話しながら冷蔵庫の中身を確認するのが、今では新しい日常になっています。

穏やかな暮らしのなかで、ふと不安が顔を出すこともあります。朝夫が出かける時に、「気をつけてね。いってらっしゃい」と笑顔で送り出したあと、「今日も平穏に過ぎますように」と心のなかで祈るような自分がいたり。家族や友人と電話やメールをしている時に、「生き延びようね」と冗談交じりに言いながらも、「何もありませんように……」とちょっと切ない気持ちになったり。今までの平穏な暮らしとは、やはり少し違います。

それでも、こんな日々だからこそ、叶えられた夢もあります。それは、愛猫そらと夫のきずなが深まったこと。これまでは、女の子の猫は男性が苦手だと、勝手に思い込んでいました。それが、家族の時間が増えたからか、そらの性格なのか、そらは夫のことがとっても好き。いつも夫のそばに居て、夫の姿を探していて。ふたりが仲よく一緒に寝ている姿を見ると、「こんな光景が見られるなんて」と、じんわり胸が熱くなります。

まだまだ同じような日々が続きそうな気配を感じながら、この先の未来を憂うことなく、過ごせたらと思います。ささやかな毎日に感謝して、今日も幸せだと感じながら、暮らしていたいと思います。

暮らしのなかに
「大切なこと」があることは、
誰かのことも、自分のことも、
大事にしている表れのような気がして
とても幸せなことだと気がつきました。

この本を手にしてくださった
皆さまの「大切なこと」が
これから先も
たくさんの笑顔を運んでくれますように……。

内田彩乃

福岡県生まれ。夫と愛猫そらと暮らす。センスある暮らしぶりや着こなしが雑誌等で人気となる。家事や日々の暮らしを綴った著書多数。主な著書に『幸せな習慣』（ＰＨＰエディターズ・グループ）、『重ねる、暮らし』（ＰＨＰ文庫）などがある。

写真　大森今日子
デザイン　葉田いづみ
ＤＴＰ　宇田川由美子
校正　西進社
編集　茶木奈津子

大切なこと

穏やかに暮らすための48の工夫と心がけ

２０２１年11月２日　第１版第１刷発行

著　者　内田彩乃
発行者　岡修平
発行所　株式会社ＰＨＰエディターズ・グループ
〒１３５-００６１　江東区豊洲５-６-52
☎０３-６２０４-２９３１　http://www.peg.co.jp/
発売元　株式会社ＰＨＰ研究所
東京本部　〒１３５-８１３７　江東区豊洲５-６-52
普及部　☎０３-３５２０-９６３０
京都本部　〒６０１-８４１１
京都市南区西九条北ノ内町11
PHP INTERFACE　https://www.php.co.jp/
印刷・製本所　凸版印刷株式会社

 ISBN978-4-569-85053-5